강화양명학과 개신교의 문화접변에 의한
초기 자본주의의 이해

인천학연구총서 54

강화양명학과 개신교의 문화접변에 의한 초기 자본주의의 이해

옥한석 · 옥동석

보고사
BOGOSA

들어가며

한국의 자본주의 발전에 관해서는 설명이 부족하며 아직 연구가 초기 단계에 있다. 1960대 이후 박정희에 의한 개발 독재 국가 자본주의가 산업화와 민주화를 낳았지만 오늘날 노령화와 인구감소를 경험하게 되어 자본주의의 성공이라고 보기 어렵다. 개신교가 한국경제 발전에 도움을 주었다는 주장에 접하여 여러 문헌을 찾아보던 중 가족계획 사업에 개신교가 관여하였다는 사실을 알게 되었다. 한국개신교의 특징과 한국경제발전은 유관하다는 심증을 굳히게 되어 이 연구를 착수하게 되었다. 특히 2015년 대한지리학회에 발표된 「개신교 감리교의 강화도 전래와 문화변동」이란 연구가 계기가 되었다. 최근 「강화의 조양방직과 조창」에 대한 연구보고가 있어 강화개신교가 강화 직물산업(textile industry)의 토양을 만들어주었다는 확신을 갖게 되었다.

개신교와 강화직물업과의 관계를 밝히기 위해서는 관련 종사자와의 인터뷰가 불가피한데 마침 2018년 국사편찬위원회에서 채록한 『강화지역 여성 직물노동자 생애사』가 정리되어 있어 큰 도움이 되었다. 9명의 강화 직물 노동자의 생생한 체험 구술은 당시 직물 여성노동자로서의 삶과 자본주의 정신과의 관계를 알수 있었다. 9명 중 기독교인은 2명이었으며 아직 생존하고 있는 여성이 있어 추가 인터뷰가 가능하였다. 1930년대 출생이며 직물노동자로서 11년간의 생활하면서 '태광직물'이라고 하는 회사를 설립한 김송자 부부는 자본가가 되었으나 자신의 자산 일부를 교회에 기부하면서 칼뱅주의적 삶을 실천한 자본가였다고 보겠다.

자신이 겪었던 고난, 이른바 가난을 벗어나기 위하여 1일 2교대의 근로 환경을 견디어 내고 자동직조기 4대를 구입하여 생산한 인조견에 '태광'이라고 하는 상표를 붙여 판매하면서 자본가로 성장하였다. 그녀는 자녀가 병으로 죽는 과정에서 고백한 예수 그리스도의 은혜를 대신하여 덕하교회에 재산을 기부한 과정은 자녀에 대한 사랑과 교회공동체와의 관계를 잘 보여준다고 하겠다. 이 연구는 강화에서 노동쟁의가 활발해지기 이전까지의 기간에 한정하므로 초기 자본주의라는 표현을 쓰게 된 것이다. 19세기 말 제국주의로부터의 개항은 강화도조약을 체결함으로써 시작되었다. 이로 인해 근대적 시설과 서양문물의 도입이 이루어졌던 강화지역의 여성들이 집안에서 살림만 하다가 결혼한후에 다시 출산과 양육, 가사노동을 되풀이하는 전근대적 여성의 삶을 살지 않았다. 강화 여성은 가정이 아닌 직접 생산의 주체로 나섰다. 이들의 삶은 한국전쟁 이후 파괴된 기반시설을 복구하는 과정에 확대 발전하기 시작한 직물공장에 취업하여 장시간 노동, 값싼 임금, 열악한 노동환경을 견디어 내면서 오늘날 근대 여성노동자들의 삶의 모태가 되었다.

이 연구는 『신편 강화사』와 『강화중앙교회100년사』의 일부를 인용하여 출처를 밝혀놓았다. 『강화지역 여성 직물노동자 생애사』(2018년도 수집 구술자료)가 분석되었으며 '강화양명학'이라는 용어 자체가 생소하지만 '강화양명학과 개신교'의 문화접변(acculturation)을 보여주는 의미에서 이 연구의 탁월한 제목이라고 본다. 해방 후 강화의 직물산업 중심에 선 심도직물과 관련된 감리교도인 조운상 권사는 나중 장로교회를 창립하였으므로 개신교라고 하였다. 양명학(陽明學)과 개신교 감리교는 '이동휘의 보창학교'와 '이건방의 계명의숙'이라는 두 개의 축을 중심으로 서로 융합되었다고 본다. '구국과 자강'의 강화 초기 교육은 '김동식과 고성근의 강화직물조합'에 의한 산업화를 낳았고 초기 자본주의가 전개되었다. 직물 관련 자료는 『강화이야기아카이빙』의 「제2편 직물아카이빙」이 큰 도움을 주었다. 지금으로부터 120년 전의 강화개신교인들이 새로운 서구문물과 산업에 적응해나간 과정에서 보여준 삶이 자본주의 정신의 일면이었으며 오늘날도 살아 숨쉬고 있다고 본다.

이 연구는 모두 8장으로 구성되어 있다. 제1장은 연구 목적과 관련된 연구의 동향 및 강화의 지리적 위치와 근대의 시작을, 제2장은 기독교와 자본주의와의 관계를 막스 베버 중심으로 논의하였고, 제3장은 강화양명학과 자본주의와의 관련성을, 제4장은 근대 초기 강화에 개신교 감리교가 전파되면서 우세종교로 자리 잡으면서 강화양명학의 개신교 감리교 수용에 따른 강화기독교의 특징을 소개하였다. 제5장은 강화주민의 농업적 기반인 지주제 경영과 성격을 논의하였고, 강화에 산업자본이 형성되면서 고용된 여성노동자 대부분이 교육을 받지 못하고 직물공장에서 일하게 된 배경을 제6장에 다루었다. 제7장은 9명의 여성노동자의 삶과 생활을 유형으로 분류하여 살펴보았다. 김송자 여성의 중소기업주로 살아간 삶과 교회 생활에 주목하여 자본주의와 기독교 정신과의 관계를 밝히려고 하였다.

『신편 강화사』의 제1장 3절 강화의 서구문물 정착(최기영 - 한국교회사연구회 연구실장), 제3장 1절 양명학과 강화학파(이욱 - 고려대학교 민족문화연구원 연구원, 심경호 - 고려대 교수, 권내현 - 고려대학교 강사), 제4장 1절 강화의 기독교 전파(이석재 - 인천카톨릭 대학교 교수), 제5장 2절 강화농촌 사회와 지주제의 성격(김도형 - 단국대학교 강사), 제6장 1절 강점기 경제체제의 고착(김주용 - 동국대학교 강사, 이상일 - 국사편찬위원회 편사연구사) 및『강화중앙교회100년사』의 여성선교와 전도부인의 활동(이은용 교수), 『강화지역 여성 직물노동자 생애사』(2018년도 수집 구술자료) 등을 참고하거나 인용하였다. 이 연구의 제2장 3절의 갑오개혁, 제3장의 강화양명학과 자본주의 정신, 제4장 2절의 감리교와 자본주의 정신은 강화 초기 자본주의를 이해하기 위한 개설로서 소개, 추가하였다.

이 책을 집필하는 과정에 많은 이들의 도움을 받았다. 강화칠보회화연구소장 겸 화백 우영란, 전 심도직물 전무 이원병, 전 태광직물 대표 서영은, 전 성광교회 장로 이주호, 새벽기도의 장로 한상운, 청풍김씨대종회장(15대) 김갑수, 강화역사연구소장 이은용, 도쿄한일친선협회연합회 홍성창 박사 등의 도움이 컸다. 함께 답사에 동행해준 아내 양혜경에게 감사드린다. 경상대학교 명예교수 이 전 교수 등이 초고를 읽어보고 오류와 논리적 비약을 지적하여 주어 논문의 완성도가 높아졌다고 자평한다. 강릉원주대학교 황원규 명예교수는 「啓明義塾趣旨書」를 한글로 번역해 주었다. 그럼에도 불구하고 이 책 서술의 모든 책임은 필자들에게 있음을 밝혀둔다.

또한 계명의숙취지서를 번역하여 부록으로 붙인다. 1905년 감리교도로 개종한 이동휘가 개설한 보창학교의 교가(校歌) 등 관련 자료가 발굴되지 않아 감리교의 주일학교가 근대학교에 어떤 영향을 주었는지는 후일의 연구 과제로 남겨 놓는다.

2024년 2월
옥한석·옥동석

목차

I
머리말

1. 연구 목적과 방법

　1945년 해방 이후 지난 78년 간 한국은 경이로운 경제적 발전을 이룩한 것은 부인할 수 없다. 오늘날 심각한 불평들을 안고 있지만 이러한 자본주의적 발전이 실현된 배경과 요인에 대해서는 설명이 부족하다. 한국은 타이완, 싱가포르, 홍콩 등과 함께 유교자본주의(Confucian capitalism)라고 말하고 있지만 사실 유교적 질서만으로는 설명이 충분하지 않다. 다시 말해 근면, 절약, 높은 교육열, 연고에 의한 사회적 자본(social capital)만으로는 이해하기 어렵다. 새로운 혁신에 대한 기업가의 도전, 성공에의 열망 등도 자본주의의 중요한 가치이기 때문이다. 이 연구는 강화지역을 사례로 하여 자본주의의 초기 발전에 관한 설명을 시도해 보고자 한다. 강화지역. 이른바 강화도는 강화섬과 교동도 등 수 개의 섬으로 이루어진 지역이며 오랫동안 고립되고 자족성을 지닌 지역이다. 1960년대 이전까지 자생적으로 직물산업(textile industry)의 핵심지역으로 자리하였다는 점에 주목하여 초기 한국 자본주의의 전개가 발견될 수 있는 지역으로 연구에 착수하게 되었다. 특히 지리적 고립성으로 말미암아 자본주의 발전 모델이 단순화될 수 있는 연구의 이점이 있다.

직물산업화가 실현되기 위해서는 초기 혁신가가 등장하고 자본이 축적될만한 여건이 허락되면서 산업노동자가 출현해야 한다. 이러한 요소들을 강화지역은 고루 갖추고 있다. 간척에 의한 농경지 확보로 인하여 미작 생산량의 증대에 의한 자본 축적이 가능하였다. 강화지역은 여성의 개화가 일찍 이루어져 여성 직물노동자 출현이 가능하였다. 일찍이 강화지역은 민족의식이 고무되어 이동휘 등 많은 독립운동가가 등장하여 민족산업을 발전시키려는 기업가가 등장하였는데 하점면의 김동식, 황우천 등이 이들이다. 전통적인 가부장적 유교 질서 속에서 여성은 '남존여비'의 사회적 지위에 속하였는데 강화지역은 유교적 구악습을 탈피하여 직물노동자가 대거 출현하여 산업발전을 이루어낸 사실은 대단히 특이하다. 이 지역의 특성과 개신교 감리교의 전파와 관련해 볼 수 밖에 없다.

이러한 문제 의식에 기초하여 다음과 같은 문제를 밝혀보려고 한다. 첫째, 강화지역은 기독교의 전파가 어떻게 순조로웠는가? 둘째, 강화양명학과 개신교 감리교는 어떠한 관계를 가졌는가? 셋째, 자동화된 직기의 도입이 이루어질 만한 농업자본의 축적이 이루어졌는가? 넷째, 언제, 어떠한 요인으로 기업가 정신을 가진 이가 혁신을 선도하였는가? 다섯째, 직조기술에 적응하여 숙련된 노동자집단을 형성시킬만한 여성의 사회활동, 특히 교회 활동은 어떤 역할을 하였는가? 하는 문제이다. 이러한 질문들에 답하기 위해서는 유교 및 기독교의 자본주의 정신, 양명학과 유교와의 관계, 자본주의의 제도적 기반 등에 관해서 문헌상 정리를 해보았다.

전통적인 직조업으로부터 자동화된 직기의 도입을 가져온 기업가의 등장이 중요하다. 이러한 직조기술에 적응하여 숙련된 노동자집단이 형성되어야만 산업발전이 이루어진다. 강화시역을 중심으로 직물조합이 결성되고 조합을 통한 산업활동이 활발하도록 촉진시킨 근로자, 특히 여성근로자의 출현 등을 강조하여 연구를 수행하고자 한다. 자본주의란 노동과 자유계약의 가치가 실현되고 이에 의한 자본의 축적이 이루어져야만 가능한 일이다. 이러한 연구목적을 밝히기 위하여 수차례 현지조사와 관련 인물과의 인터뷰 및 이들의 관련문헌 해독이 이루어졌다. 개신교 감리교와 강화양명학 및 자본주의와의 관련이란 연구 가설을 밝히기 위한 야외에서의 역사지리학적인 탐정(探偵) 방법이 실시되었다.

강화 직물산업발전에 대한 여성 노동자의 등장을 강조한 이 연구는 초기 한국 자본주의 발전에 대한 의문을 어느 정도 해소할 수 있다고 본다. 강화양명학과 개신교 감리교의 문화접변이라고 하는 관점에서 1916년 강화군 하점면에 강화직물조합이 설립되고 1931년 강화산업조합으로 탈바꿈한 뒤 1946년 심도직물의 설립 직후 1968년 가톨릭 직물노동조합이 등장하기 전까지의 기간에 한정하여 연구하고자 한다. 1968년 이후는 노동조합 운동이 활성화되어 기존 자본주의가 새롭게 변모하는 단계에 이르렀다고 보기 때문이다.

2. 연구 동향과 이론적 배경

1) 연구 동향

강만길은 조선 후기 자본주의의 기원에 관한 의견을 내었다. 상업 유통의 활성화에 힘입어 화폐유통이 활발해짐에 따라 조선의 경우도 자본주의가 가능해졌다고 보았다(강만길, 1973). 고동환은 강만길에 의한 자본주의 맹아론에 대한 여러 연구물을 소개하면서 자본주의 맹아론은 여전히 유효성을 상실하지 않는다고 주장하였다(고동환, 2009). 한예원은 화폐사용이 가치관의 혼선 및 경제 질서의 혼란을 가져오므로 인간의 생존이라는 시각에서 상업사회보다는 인간성의 회복과 인간다운 삶이 유지되는 농경사회가 중요하다는 시각이 당시에 지배를 이루어 자본주의가 발달하지 못하였다고 하였다(한예원, 2004). 바로 성호(星湖) 이익이 '농경에 근거하면서 유교적 예가 존중되고 지켜지는 사회가 이상사회이며 이런 사회야말로 인간의 생존을 보장하는 사회'라고 통찰한 점을 소개하였다. 이런 사회에서는 『대학(大學)』이 제시하는 경제윤리에 따라, 그 가르침을 생산현장에서 실현하여 갈 수 있으며 이것이야말로 인민의 생존을 보장하는 제도이며 예(禮)라고 하였다.

이한구는 유교와 자본주의가 밀접한 관계가 있으며 기업가정신과 유교문화와의 교섭관계에 대해 역사적으로 조명하면서 '할 수 있다'는 can-do 정신과 가부장주의, 사업보국관 등이 '한강의 기적'을 이루어내었다고 주장하였다. 즉 산업화기(1960~70년

대)의 기업가정신의 형성에 대하여 논하였다. 그는 기업가정신
과 유교적 가치관과의 관련성에 관한 질문을 하면서 민생경제에
미친 유교의 영향에 대하여 이론과 실제 측면에서 유교적 경영
철학을 부각시켰다. 또한 『논어』의 '이익을 보고 올바름을 생각
한다'는 '견리사의(見利思義)'가 19세기말 서양문물의 본격적인
유입과 일제에 의한 식민지화과정에서 '의롭다는 것은 서로에게
이익이 되는 것이다'의 '의리합일(義利合一)'의 유교자본주의로
정착되는 과정도 규명하였다. 산업화기 한국형 기업가정신의 모
체가 되는 다수의 기업가를 소개하였다. '경성방직' 창업자 김성
수의 기업활동에서 한국형 유교자본주의의 모델을 확인할 수 있
었다고 하였다(이한구, 2015).

국승규는 상업자본이 자본주의를 이끌만한 근본적인 변화가
아니었다고 하였다. 조선조 후기 근대의식의 성립 및 확대과정
이 자본주의와 어떤 관계를 맺었는지 살펴보았는데 의식개혁에
크게 영향을 미친 것 중의 하나가 기독교의 상도덕에 대한 윤리
관이라고 하였다(국승규, 1990). 유한양행의 창업자 유일한은 크
리스찬으로서의 가진 기업가정신이 하나의 사례라고 하면서 ①
기업을 키워 일자리를 늘리고 ② 정직하게 납세해서 국가재정
확충에 기여하며 ③ 기업이윤을 사회에 환원하려는 목적으로 기
업을 경영한 예를 제시하였다.

강화의 직물산업에 대한 보고는 「강화이야기 직물아카이빙」에
잘 정리해 놓고 있다(『강화이야기아카이빙』, 2018). 강화 직물산업
에 관한 연구는 김나라에 의하여 이루어졌는데(김나라, 2020) 강화

직물 발달의 요인으로 풍부한 노동력, 개량직기의 도입과 공동작업장 운영, 및 판로의 확대를 제시하였다. 집집마다 족답기를 두고 소규모로 직물을 생산했던 강화에서는 직기의 기계화와 기술향상으로 공업화의 모습이 등장하기 시작했다고 하였다. 가정에서 부업으로 생산하던 것과는 성격이 다른 임금 노동자 성격을 가진 임직(賃織)이 나타났다고 하였다.

김동식이라고 하는 기업가가 1916년 생산자와 임직계약을 맺고 방직마사를 짰으며 당시 3,456호가 직물을 생산했는데, 그 중 약 65%인 2,262호가 임직을 하고 있었고 직기 4,000여대 중에 3,700여대가 개량직기(일종의 목조수동직조기)였다고 한다. 실제 임직을 행하는 사람들은 대부분 본업을 가지고 있는 겸업자였다고 하였다. 그후 1924년 일본의 「제국제마주식회사」로부터 마사를 제공받아(帝國製麻株式會社, 1937). 수직마직포가 대세를 이루었다. 1937년에는 조양인견직이 설립되고 전기가 가설되면서 대규모 직물공장이 들어서면서 수많은 여성 부녀자들이 근로자가 되었다. 직물노동자로서의 수입이 생계의 중요한 부분을 차지하고 있었다고 하면서 강화 여성들의 정교함과 꼼꼼한 손재주가 강화방직산업의 발전 요인이었다고 하였다.

그러나 강화의 직물산업 발전이 자본주의의 전개와 어떤 관련이 있는지는 연구하지는 못하였다. 여성노동자에 관해서는 국사편찬위원회가 실행한 여성구술을 통해 살펴볼 수 있다.『강화지역 여성 직물노동자 생애사』(2018년도 수집 구술자료)라는 주제로 진행한 9명의 구술수집 대상자는 전부 강화군에서 출생하여 평생을 살았던 인물들이며 연령은 70대 중반에서 80대 중반에 이른다(구영순 외, 2018). 강화의 부녀자들은 당시 제대로 교육을 받지 못하였으며 농업노동자가 되기에도 일자리가 부족하여 직물노동자에 자원하면서 1일 2교대의 고된 노동과 저임금에도 불구하고 부모와 가족을 돌보면서 헌신적인 노동을 하였다. 자신보다는 타인을 위한 노동생활은 '가업'이라는 유교적 전통 속에서 기독교적인 헌신을 한 예를 찾아볼 수 있다. 이러한 삶의 궤적은 자본주의화 과정의 문화변동론으로 설명해볼 수 있다.

일반적으로 문화변동(cultural change)이란 서로 다른 문화가 접촉하여 새로운 문화로 변동하게 되는 과정을 말한다. 새로운 문화가 도입되면 기존의 문화는 저항을 하거나 선호하는 문화요소를 선택하게 된다. 지위와 역할의 변동이 이루어지면서 재해석을 하면서 서로 섞이는 과정이다. 강화도의 개신교 수용이 양명학과 관계가 있음은 이은용이 제시하면서 '실사구시'의 강화 양명학이 기독교의 '신행일치의 실천적 신앙'과 맥을 같이 한다고 하였다(이은용, 2011). 강화양명학파의 창립자인 하곡(霞谷) 정제두(鄭齊斗)의 호를 돌림자로 한 천곡(泉谷) 김종우(金鍾宇)가 정통 유교교육을 받았음에도 불구하고 조부 김용하와 함께 감리교로 개종한 사실이 밝혀져 있다. 김종우는 조부 김용하가 '유교는 너무 부패하야 거의 그 본바탕을 볼 수 없이 되고 사람들이 외식만 숭상할 뿐이니 어찌 그 운명을 위하여 탄식할 바 아니랴. 하지만 그리스도교회에서는 형식보다도 그 교리의 본바탕을 주장 삼어 가르치니 그 장래가 아름다울 것이다. 내가 전일에는 꿈에 향교에서나 만나보던 공부자를 이제 예수 예배당에서 만나보게 되니 참 이상한 일이다. 아니다 (중략) 공자(孔子)가 다시 이세상에 난다 하여도 예수교와 같이 착한 도를 가르치는 거룩한 곳에서 살기를 원할 것이요 향교는 자신의 위패가 있을 지라도 더럽다 하여 결코 가지 아니할 것이다. 그런즉 나는 예수를 가르침이 당연한 일이 되겠다'라고 개종의 이유를 밝히고 있다.

강화양명학과 개신교 감리교의 문화 요소가 섞이면서 강화에서 이루어진 변동을 옥한석이 연구하였다(옥한석, 2014). 옥한석은 강화양명학과 개신교 감리교를 비교 연구하였다. 즉 강화양명학자는 사당에서 제의를 올리며 자녀들이 향교에서 중등교육을 받아 자신의 문중조직을 중시한다고 하였다. 그들이 신분제 폐지를 이상으로 삼으면서 의례보다는 실생활을 강조한 반면, 감리교 신자는 기도처나 교회당에 모여 예배를 보고 교회부설 주일학교(후일 의숙으로 바뀜)를 중심으로 교육시키며, 스스로를 문중보다는 만인제사장으로서 평등을 주장하였다고 하였다. 특히 하나님을 성령으로 체험하면서 기쁨과 찬양을 강조하는 동시에 이웃을 구제하는 실제 활동을 한다고 하였다.

강화양명학과 개신교 감리교의 섞임으로 말미암아 1910년대 이르러서 가정 중시, 만인평등의 지향, 이웃 구제, 상공업 활동의 중시, 자본주의 개화가 이루어졌다. 만인평등을 지향하면서 이웃을 구제하는 상공업활동에 종사하는 이들에 의한 자본주의적인 싹이 텄다고 볼 수 있다. 이러한 자본주의적인 싹은 일본에 의한 사유재산과 상거래의 민법이 확립된 후 1910년 을사늑약에 대항하여 구국과 자강의 교육혁신이 이루어진 점에 있다(오환일, 2004). 강화양명학파의 마지막 보류인 이건승과 이건방이 1907년 설립한 계명의숙은 보창학교와 함께 강화도 근대교육의 초석을 다졌다. 이들 학교는 교육 내용이 감리교와 유교 양명학의 가치가 녹아있을 수 있다.

한편, 중국에서 발전한 '지행합일'과 '양지' 개념을 강조하는 양명학이 한국과 마찬가지로 일본에서도 독자적인 길을 걷게 되었음을 간과할 수 없다. 특히 에도 시대에 양명학이 도입되어 일본 사회와 문화에 큰 영향을 미쳤다. 일본의 무사 계급이 양명학의 '지행합일' 가르침을 받아들이고 자신들의 행동 규범으로 삼았다. 무사도(武士道)의 도덕관에도 영향을 미치며 충의나 용기와 같은 가치관이 강조되기 시작했다. 막부나 번 정치에도 영향을 주었고 때로는 정치적인 의미를 가지기도 했는데 메이지 유신을 지지한 많은 지사나 사상가들이 양명학의 영향을 받았다고 한다. 일본의 양명학은 일본의 문화나 사회 구조에 맞게 변화되어 특유의 철학적 흐름이 만들어지면서 개인의 내성과 실천이 중시되고, 교육이나 정치, 더 나아가 개인의 일상생활에 이르기까지 다양한 영향을 주었다(小島毅, 2006; 馬淵昌也 編, 2011). 지식과 행동은 일체여야 하며, 인간은 본래 좋은 지식을 가지고 있으며, 그것을 실천함으로써 도덕적인 인간이 된다는 가르침은 강화의 양명학자와 같은 것이었으나 조선의 양명학 근거지였던 강화에서는 개신교의 영향을 받게 됨으로서 일본과는 다른 모습을 보이게 되었다.[1]

2) 이론적 배경

문화접변(acculturation)에 의한 문화변동론은 다양한 문화 요인이 상호 작용하고 통합됨으로써 문화가 변화한다는 이론이다. 클로드 레비-스트로스(Claude Lévi-Strauss)는 구조주의적 관점에서 문화 접촉을 다루었다. 그는 다양한 문화 요소를 구조적으로 분석하고 다른 문화와의 상호 작용에서 새로운 의미와 구조가 형성된다고 주장하였다. 마르크스(Karl Marx)와 엥겔스(Friedrich Engels) 두 학자는 경제적 요인이 문화 변동에 큰 영향을 미치는 것으로 간주하며 그들은 경제 구조가 사회적 관계와 이념에 영향을 미치며, 이러한 영향은 문화적 변화로 이어질 수 있다고 주장했다. 이들 이외에 브로니스로 무론디(Bronislaw Malinowski), 에반스 퍼키넌(E. Evans-Pritchard) 등이 있다.

무론디는 현장 연구를 통해 문화적 접촉이 어떻게 문화 변동을 유발하는지를 연구하고 문화가 실용적인 욕구를 충족시키는 도구로서 발전한다는 문화 기능주의를 제안하였다(Bronislaw Malinowski, 2015). 퍼키넌은 문화 접촉과 관련하여 "문화 안과 밖"을 연구하였다. 그는 문화 접촉이 문화의 변화를 유발하면서도 일부 핵심적인 문화적 특징을 보존시킬 수 있다는 아이디어를 제시하였다(Douglas, 1980). 피터 버크(Peter Burke) 또한 문화 접변을 통해 정보, 기술, 생각, 예술 등이 다른 문화로 전파되는

---

1 나가노 신이치로(永野愼一郎)는 양명학의 대가인 야스오카 마사히로(安岡正篤)가 한국의 포항종합제철소 설립에 결정적인 기여를 하였다고 소개하고 있다(나가노 신이치로, 2009, p.6).

방식을 연구하였다. 그는 문화 변동은 문화 간 상호 작용의 결과라고 보았다(피터 버크, 2012). 이 학자들은 각자의 관점에서 문화접변과 문화 변동을 이해하였으며, 이들의 이론과 연구는 문화인류학과 사회과학 분야에서 중요한 역할을 하고 있다고 하였다. 한경구·임봉길은 문화접변(acculturation)에 의한 문화변동을 소개하였고(한경구·임봉길 역, 1994), 이들 연구자에 따르면 문화접변은 현대 세계에서 더욱 중요한 주제가 되어 다양한 문화 간 상호 작용이 지속적으로 이루어지고 있다.

이 연구는 엘리사 퍼키넌의 '문화의 안과 밖'에 대한 논의를 시도하였다. 그녀는 문화 안과 밖의 경계와 상호작용을 이해하고 설명하였으며 문화 안이란 특정 지역, 집단 또는 사회에서 공유되는 가치, 신념, 관습 등을 포함한다고 하였다. 퍼키넌은 이 내용들이 어떻게 형성되며 변화하는지, 그리고 그것들이 사회 구성원들에게 어떤 영향을 미치는지에 대해 연구하고 그녀는 문화 안에서의 아이덴티티, 정체성, 그리고 사회적 상호작용을 탐구하면서 다양성과 유사성의 관계에 관하여 이해하는데 주력하였다. 문화 밖이란 다른 문화와의 접촉과 상호작용이라고 하면서 문화 밖에서의 문화 간 교류와 영향력, 그리고 문화적 혼합에 대한 연구를 수행하여 다른 문화와의 상호작용이 어떻게 새로운 가치, 아이디어, 그리고 동기부여를 가져와 문화적 변화가 촉진되는지를 탐구하였다. 엘리사 퍼키넌의 연구는 문화의 안과 밖에서의 상호작용이 사회와 개인에게 어떤 의미를 지닐 수 있는지에 대한 이해를 확장시키고 발전시키는 데 도움을 주었다.

3. 강화의 자족성과 근대의 시작

1) 지리적 고립성과 자족성

한반도 중심부의 서쪽 해안에 자리잡고 있는 강화 본섬은 북쪽에 한강, 임진강, 예성강 하류를, 동쪽은 염하(鹽河)를 사이에 두고 육지와 분리되어 있다. 염하는 물살이 거칠고 갯벌이 깊으며 서쪽은 서해바다, 남쪽은 복잡한 해안이 펼쳐져 있으므로 강화는 쉽게 접근할 수 있는 지역이 아니다. 이 지역은 행정구역상 인천광역시이며 동쪽의 김포시, 북쪽의 연백군과 개풍군과 인접해 있다. 오늘날 강화대교를 통해 김포시와 서울특별시 등 내륙과 연결되지만 과거에는 교량보다는 선박으로의 접근이 용이하였다. 선박으로 염하를 따르거나 섬의 북부 임진강과 한강이 합류하는 조강 일대가 한양에 이르는 통로였으므로 이를 따라서 많은 포구가 발달하였다.

29개의 크고 작은 섬들로 구성되어 있는 강화 본섬은 동쪽 염하를 건너 김포시 문수산성과 마주한 갑곶진(甲串津)을 중심을 연미정, 광성보, 초지진 등이 남북으로 길게 분포한다. 남쪽은 마니산 동남방의 동막 맞은 편은 영종도를 바라보고 서남쪽은 마니산 서방에 장화리가 있다. 전통시대에 한양으로 세수미를 실어나르는 선박들의 계류지 역할을 한 영종도는 오늘날도 인천 공항이 들어서 아직도 교류의 역할을 담당하고 있다. 장화리 맞은편에 장봉도가 있고 그 서쪽 끝은 서도면의 말도며 그 바깥쪽은 서해 연평바다와 접해 있다. 서북에는 교동면 인사리가 있고 맞은편은 연백 각산포이며 북쪽은 승천포가 있다. 그 맞은편은 개성 남방, 해창진 나루터가 있고 동북은 월곶진이다. 동쪽 수로는 한강을 거쳐 맞은편 옛 풍덕군의 백마산성과 접하고 있다. 강화도 서남부에 수많은 섬들이 여기저기 점점이 흩어져 있다. 섬에 가까운 바닷속에는 암초가 많아 배가 다니는데 커다란 상애물이 되고 있다. 고려 때 강화를 수도로 정한 것도 이런 암초들이 외침을 막아주는 자연적인 역할을 했기 때문이다.

강화 본섬과 부속 도서 등은 육지로부터 어려운 접근성 때문에 고립된 특성이 오랫동안 유지되고 피난처나 지배층의 유배지로 적합하였다. 강화 본섬은 타원형이며 지형지세가 원탁형이다. 남북은 해안까지 거리가 28㎞이고 동서는 16㎞이다. 전체면적은 410㎢이고 총경지면적은 약 168㎢이다. 이 가운데 밭이 약39㎢, 논이 약 129㎢이다. 섬 전체 둘레는 112㎞이다. 그밖에 본섬에 속하는 큰 12개 섬이 서쪽과 남쪽에 흩어져 있다. 섬의 작고 크기에 따라 8km 혹은 16㎞의 둘레를 가지고 있어 합치면 약 110㎞의 해안선이 늘어나는 셈이다. 해안선의 총연장은 247㎞이다. 비교적 산악이 많으나 노년기 지형이므로 대체로 북고남저의 둥근산 모양을 이루며 산지에서 평지에 이를수록 경사가 완만해지는 형태를 나타내 일반적으로 평균고도는 낮은 편이다[그림 1].

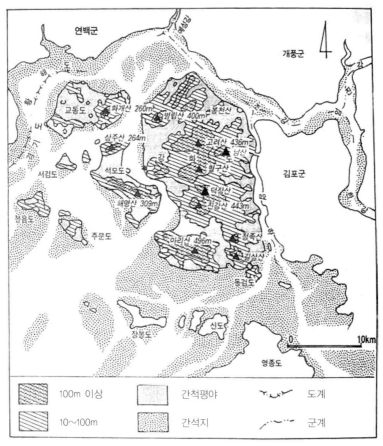

[그림 1] 강화지역의 지형과 간척지(출처: 최영준, 1997, p.180)
최영준은 강화의 간척지확대와 해안선의 전진에 따른 경관변화 과정을 복원하였다.

　강화의 산계는 서북방의 줄기를 이루는 마식령산맥의 분맥이
바다를 건너 본섬에 뻗어 있다. 섬 중앙에 고려산(高麗山)(436m)
이 우뚝솟아 있다. 고려산은 산계가 웅장하고 절이 산중에 절이
많을 뿐 아니라 많은 전설을 간직하고 있다. 북쪽으로 별립산(別
立山)(400m), 서남쪽으로는 국사봉(國士峰)이 있고 서로는 광산

(匡山), 재전현(梓田峴)을 지나 동경산이 되었다. 별립산은 암석이 많고 범이 꿇어앉은 형상을 이룬다. 고려산은 다시 남쪽으로 뻗어 덕정산(320m)이 되고 남으로는 정족산(鼎足山)(220m)을 이루었다. 남으로 길상산(336m)과도 이어지며 덕정산의 정남으로 뻗은 한줄기는 진강산(441m)이 되었다. 마니산은 강화도 남단에 위치한 가장 높은 산이다. 마니산 동남으로 마이봉이 있고 마이봉 서쪽에 분오리 고개가 자리한다. 중앙의 고려산 한줄기는 동북으로 떨어져 증산, 부근리 사직곡 뒷산이 되고 동북으로는 평야를 건너 금동산으로 솟아오른다. 동으로 웅장현을 거쳐 송악산(松岳山), 동남으로 노적봉(露積峯)이 있고 동으로 화산, 남산에 이르게 된다. 송악산 원줄기는 북으로 염상곡(廉相谷)을 지나 대묘동(大廟洞)의 여러 산이 되고 남으로 뻗어 연화봉을 이루었다. 송악산의 또 한줄기는 동남으로 돌아 연미정에 이르며 또 하나의 맥은 동으로 자문고개와 학미산(鶴尾山)이 되어 옥포에 이르고 있다. 또 다른 줄기는 동남으로 견자산이 되고 동으로는 만수산, 장령산을 이루면서 해변에 이른다.

해발고도 400m 정도의 산지가 섬의 군데 군데 흩어져 있다. 이들을 중심으로 더 낮은 고도의 산이 나타나 오래전부터 사람들이 분거하기에는 유리하지만 크고 긴 강이 없어 큰 취락을 형성하기는 어렵다. 산지로부터 해안에 이르는 작은 하천이 나타나지만 그 유역면적이 좁아 농경에 아주 적합하지 않다. 하지만 서해안의 큰 조수간만의 차이는 간척에 유리한 조건을 제공하여 해안을 따라 오래전부터 간척을 하여 농경을 하여 왔다. 이러한 지리적 특징은 강화의 고유한 문화가 오랫동안 유지되는 데 일조하였으며 경제적 자족성이 유지되어 왔다. 삼면이 바다로 둘러싸여 있고 간척의 기술도 제한되었던 전근대시대에는 인구부양력이 높았다고 보기는 어렵다. 15세기에 편찬된『세종실록지리지』에는 강화의 호구가 2,445호, 3,283명이였으며 경기도 전체 호와 구의 11.7%와 6.5%에 해당하였다. 경기도의 관할 읍이 41개였다는 점을 고려한다면, 강화는 호구 규모가 큰 읍으로 볼 수 있다². 16세기의 임진왜란, 17세기의 병자호란 등으로 말미암아 큰 피해를 입어 강화의 호수는 2,000여 호까지 감소되었다가 숙종대 후반(1696)에 가서야 7,075 호로 회복되었다. 호수의 증가에 따라 인구수도 늘어나 1696년에는 남자 16,382명, 여자 13,343명으로 총 29,725명이 등재되었다.

같은 시기의『강도지』(1696)는 전체 인구와 직업별 분포를 잘 기록하고 있다. 남자 15,976명 중 절반 이상인 9,024명이 지방 편제 군인(장교 3,042명, 군병 5,982명)으로 강화지역은 군사취락으로서의 특징이 뚜렷하였다. 중앙군에 편제된 군인도 216명이나 되었다. 4면이 바다인 관계로 수산업에 종사한 포작(鮑作) 889명(양인 337명, 사노 552명)·수업(水業) 142명, 목축업에 종사한 목자 199명 등이 직역에 종사하였다. 군인을 제외하면 농수산물이 풍부하여 중앙에 수산 공물을 공급하는 공급지였다. 나머지 인구 중 상류층인 관료 44명, 명예직인 영직자 857명,

---

2 반면 교동이 경기도에서 차지하는 호와 구의 비중은 모두 1.1%로 미미한 편이다.

상층 직역자인 유학 706명이 거주하였으며, 유학으로의 직역이 상승될 가능성이 있는 업유 130명은 중간층이었다. 양인은 1,187명, 관노비 1,826명이었다. 관속은 309명이었으며 사노무역(私奴無役) 1,826명, 사노포작(私奴鮑作) 552명, 역노(驛奴) 13명, 사찰의 노비 7명 등 총노비는 2,398명으로 군인을 제외한 전체 남자 인구의 34%에 이르러 관노를 합하면 그 비율은 높아져 당시 강화사회는 노비에 의하여 유지되는 전근대사회였음이 분명하다.

18세기에 들어와 1756년의 『여지도서』에 의하면 당시 호구수는 9,967호, 인구수 33,913명으로 1696년에 비하여 각각 40.9%, 14.1% 증가하였다. 이러한 인구 추세는 19세기 말까지 대체적으로 유지되었으며 정체하였다. 하지만 일제강점기 직전인 1910년 『민적조사』에서는 호구수가 2배 이상 늘어났다. 강화의 호구수는 11,551호·52,369명(남 27,456명·여 24,913명)으로 30여년 전 인구조사 자료에 비해 3,056호·19,124구가 증가하였다. 교동도 10여 년 전에 비해 391호·2638구가 늘어나 1,734호·8,275구로 조사되었다[3]. 1910년의 조사가 완벽했던 것은 아니지만 실존 호구수를 추정해 볼 수 있는 좋은 자료인 것만은 사실이다. 조선시대의 전체 기간에 통틀어 각종 자료에 등장하는 호구수는 1910년 당시의 절반 수준에 지나지 않았다. 강화와 교동의 인구수 증가율은 각각 57.8%와 46.8%로 전국 평균 증가율에는 크게 못 미쳤다.

---

3   이헌창(1997).

이주 등 호구 변동이 심하게 일어났을 수도 있고 부세수취와 관련하여 편제된 호구를 파악하려는 것이 아니라 실존 호구의 파악을 목적으로 하였기 때문으로 볼 수 있다[4]. 다만 분명한 점은『민적조사』당시의 강화지역 호구수는 서양의 의료기술이 보급되어 전염병 등이 퇴치되어 나타난 출산율 증가로 인한 인구증가라고 보아야 할 것이다.

인구 증감의 추세와 함께『세종실록지리지』는 전통시대의 산업에 대하여 말해주고 있다. 15세기 편찬된『세종실록지리지』는 "강화도호부(江華都護府)는 동서 32리이고 남북 64리이다. 호는 2,445이고, 구는 3,283이다. 그 땅이 비옥하고 풍기(風氣)가 일찍 따뜻해진다. 민속은 소금을 굽고 어업에 종사하는 것으로 업(鹽所 11곳)을 삼는다. 경작지는 5,606결이고 논이 (밭보다) 약간 많다. 땅은 오곡·조·당서·팥·메밀·참깨·뽕·마·삼에 맞는다. 목장은 진강산(鎭江山)과 길상산(吉祥山)에 있는데, 서로 연결하여 목장을 쌓았다. 둘레는 41리이고 국마(國馬) 1500필을 풀어놓았다. 부(府) 남쪽에 가릉포대제(嘉陵浦大堤)가 있는데 길이가 2,000척이다."라고 말해주고 있다. 이 기록에서 주목할 사실은 경작지가 상당히 넓어 논이 밭보다 더 많았지만 벼농사가 생산의 중심은 아니었다는 사실이다. "토의(土宜)·오곡(五穀)·속(粟)·당서(唐黍)·소두(小豆)·교맥(蕎麥)·호마(胡麻)·상(桑)·마(麻)·

---

4 단적으로 1866년의 전체 구수는 675만 1494명인데, 1900년에는 560만 8151명으로 줄어 들었다. 19세기 말 강화와 교동의 호구 감소도 전국 호구의 감소 경향과 일치하였다.

시(柿)"라고 말하면서 특별히 벼농사에 중점을 두지는 않았고, "민속이어염위업(民俗以魚鹽爲業)"이라는 말에서 농업보다는 제염업(製鹽業)이나 어업이 더욱 중요한 생산활동이었음을 말하고 있다. 2,000척 규모의 가릉포대제가 나와 있는 것으로 보아서 천정수가 적은 강화는 고려시대 이후 제방을 축조한 후 제염을 하여 농경지가 개간되었음을 알수 있다. 강화지역의 간척사업은 18세기 말에 이르러 일단 완료되어 1910년대에는 굴곶포와 초지의 남쪽에 남아 있던 소금밭을 제외하면 개간 가능한 갯벌은 거의 남아 있지 않게 되었다[5].

18세기 이전에는 간척과 동시에 마장이 경작지로 전환되면서 경작지가 늘고 1756년의 『여지도서』에는 밭 실결 1,460결 10부, 논 실결 2,055결 10부(논밭으로 양안에 올라 있는 총수 4,193결 40부중 여러 가지 면세결수 883결 54부)라고 기록하고 있다. 이에 따르면 면세 결수를 제외한 실결은 3,309결 86부이다[6]. 제언(堤堰)의 축조와 마장의 폐쇄가 이루어지면서 농경지의 변동이 이루어졌다고 보아야 할 것이다. 제언의 축조와 마장의 폐쇄에 의해서 확보된 토지를 놓고 여러 세력집단이 소유권을 놓고 충돌하였다. 마장을 조금씩 침식했던 사람들이나 제언을 건설한 노동자

---

5 최영준(1997), p.195. 최영준은 '강화지역의 해안저습지 간척과 경관의 변화'라는 논문에서 일제 강점기 및 해방 후에도 현대적 토목기술에 의하여 개간된 면적이 별로 넓지 않다고 하였다.

6 수한전의 실결을 더하면 3,515결 20부가 나온다. 원래의 기록과정에서 누락이 있었던 것으로 추정된다.

등의 일반 백성들은 합법과 비합법의 경계에서 경작지를 확보하기 위해서 노력한 집단들이다. 토호도 여기에 속한다고 하겠다. 이들 이외의 집단으로는 한양에 살고 있는 왕실 전주 이씨 등 최고위 양반들이었다. 대개 이들은 자신들이 가지고 있는 노비의 노동력을 동원할 수 있었고, 정부와 결탁하여 자신들의 행동에 궁궐의 암묵적인 허가를 얻어낼 수 있던 집단인데, 궁방이 그 대표적인 세력이었다. 조선왕조 또한 마장이 경작지로 전환되는 전반적인 추세를 인정하면서도 그 속도를 조절하며, 여기에서 마련된 경작지를 군수를 비롯한 정부재정으로 흡수하려고 했다. 마장의 변환과 제언 축조 과정에서 자영농민은 양반과 왕실의 '호강(豪强)'과 '토호(土豪)'과 세력 다툼을 하였다[7].

노비, 자영농민, 호강과 토호, 및 군인들의 사회집단으로 구성된 강화 전근대사회는 유교를 사회이념으로 한 신분제의 사회질서가 유지되었다. 농업과 어염위업(魚鹽爲業)을 위주로 한 유교적 신분제 사회의 최상위 정점에 위치한 엘리트집단은 강화의 성씨를 통해 알 수 있다. 조선후기에 편찬된 각종 읍지류를 보면 여러 성씨의 인물들이 강화지역에 뿌리를 내리고 있었다. 고려

---

7 정약용은 『經世遺表』(地官修制 田稅 10)에서 "우리나라는 임진왜구의 침략을 격은 이후에 여러 군문들을 설치하였다. 군문을 설치할 때마다 또 둔전을 설치하였는데 경성의 주변, 경기의 들판, 바다의 여러 섬, 먼 지방의 비옥한 땅에 제언을 쌓아서 물을 가두고 혹은 물길을 막아서 이를 끌어냈다. 혹은 바닷가에 방죽을 쌓아서 바닷물을 막아서 모두 둔전을 만들었다. 이러한 방법으로 경작지를 만들어 백성들을 모집하여 경작하게 하고 그 이익을 거두어 들였다"라고 하였다.

시대 초기의 토성(土姓)에서 분화한 사족층(士族層)은 이족인 향
리층(鄕吏層)과의 구분을 통해 독자적인 성장을 거듭하면서 각
지역별로 꾸준히 확대되어갔다. 토착 사족층과 새롭게 이주해
온 사족(士族)들은 협력하거나 때로는 경쟁하며 다른 신분층에
비해 자신들의 사회적 지위를 높여갔다. 사족층은 그들의 경제
적 토대가 되었던 토지와 노비를 개간이나 매득, 탈점 등의 방식
으로 늘이고 새로운 촌락을 형성하였다. 이들은 국왕권의 대행
자인 수령과 함께 군현지배의 한 축을 형성하였다.

　17세기 강화지역의 실상을 비교적 자세하게 전하고 있는『강
도지』에는 지역 토성이 아니라 타지역에서 들어와 성장한 사족
집단의 일부가 기록되어 있다. 그 대표적인 예로는 창원 황씨·
안동 권씨·영일 정씨·남원 윤씨 등이다. 창원 황씨는 남북변에
서 외적 격퇴에 공을 세우고 공조판서를 지낸 황형(黃衡)이 장령
면(長嶺面)[8]에 거처하면서 그의 후손들이 뻗어 나갔다[9][그림 2].
안동 권씨는 영의정을 지낸 권철(權轍)이 처향(妻鄕)인 강화에
자주 왕래하다 선원면(仙源面)에 우거(寓居)하였으며, 그의 아들
이자 임진왜란 당시의 도원수였던 권율(權慄)도 말년을 강화에
서 보냈다. 좌의정이었던 정철(鄭澈)은 벼슬을 그만둔 뒤 송정면

8　18~19세기에는 강화가 길상면, 장령면, 외가면, 하도면, 삼해면, 송정면, 불은
　면, 양첩면, 위량면, 인정면, 서사면, 선원면, 상도면, 하음면, 북사면, 내가면,
　부내면 등으로 행정구역이 이루어졌다.
9　『江都志』上, 人物. 황형(黃衡) 이후 경기감사 황기(黃琦), 전라감사 황치경(黃
　致敬), 호조판서 황신(黃愼) 등 많은 관료가 나오면서 창원 황씨는 지역의 유력
　사족으로 성장하였다

34

(松亭面)에서 우거하였으며, 우의정을 지낸 정유성(鄭維城)은 장령면에서 출생하여 선원면에 기거하였다. 그는 황치경의 외손이었으며, 함께 문과에 오른 남원 윤씨 계(棨) 또한 치경의 외손이었다[10]. 이는 조선시대 일반적이었던 지역 내의 유력 사족 가문이 통혼관계를 맺으며 서로의 지배 결속력을 강화시켜 나간 현상이다. 윤계는 아우 윤집(尹集)과 함께 장령면에서 자랐다. 그는 병자호란 당시 남양부사로서 적과 전투를 벌이다 전사했으며, 윤집은 척화론을 강력하게 주장하다 청으로 끌려가 피살되었다. 이들은 모두 강화의 대표적 사우(祠宇)인 충렬사(忠烈祠)에 배향되었다.

[그림 2] 황형(黃衡)의 사당과 신도비(출처: 구글이미지)
구한말의 황정희, 황덕주, 황우형을 잇는 창원 황씨 가계는 황주익에 이르러 한국전쟁 시 인민위원장을 맡아 대부분이 월북을 하게 된다.

---

10 『江都志』上, 寓居.

충렬사는 병자호란 당시 강화에서 순절한 우의정 김상용(金尙容), 공조판서 이상길(李尙吉), 장령 이시직(李時稷) 등을 배향하기 위해 지역 사족들이 합세하여 세운 사우로 1658년(효종 9) 사액되었다[그림 3]. 충렬사를 건립할 때는 모두 7명을 배향했으나, 이후 계속된 추향(追享)으로 배향자가 20여 명으로 늘어났다. 단일 서원이나 사우에 이렇게 많은 인물들이 배향되는 경우는 드물었지만 충렬사는 배향인이 전란의 순절자란 점에서 가능하였던 것이다. 지역 사족들은 충렬사 건립과정에서 배향 인물의 선정을 둘러싸고 갈등과 대립을 겪었다. 그것은 윤계(尹棨)와 강화 중군(中軍) 평해 황 황선신(黃善身), 강화 천총(千摠) 강흥업(姜興業)의 배향을 놓고 향론(鄕論)이 분열된 데에서 비롯되었다.

윤계의 배향을 두둔한 이들은 황선신과 강흥업은 무사로서 본분을 다했을 뿐이고 전사한 장소도 애매하므로 증직(贈職)과 정려(旌閭)만으로도 충분하다고 보았다. 반면 황선신과 강흥업의 배향을 주장한 이들은 두 사람이 본토인으로 많은 사람들이 그들의 전사를 확인하였지만, 윤계는 강화가 외향(外鄕)일 뿐이며 본토에서 전사하지도 않았다고 반박하였다. 결국 지역 사족의 세력관계에 따라 처음에는 윤계가 김상용 등과 함께 배향되었다[11]. 1658년(효종 9) 사액을 받는 과정에서 조정에서는 본토에서 전사하지 않은 윤계가 배향된 것을 문제삼아 그를 출향(黜享)하고 황선신과 강흥업을 추향하였다. 당시 조정에서는 강화

---

11 『江都志』 上, 寓居.

를 외향으로 하는 지역적 기반 때문에 다른 배향 인물과 성격이 다른 윤계가 들어간 것은 불공정한 향론에서 기인한 것이라고 보았다. 황선신은 평해 황씨이며 1597년(선조 30) 무과에 급제, 1636년(인조 14) 병자호란 시 봉림대군과 함께 강화로 침입한 청군과의 전투에서 사망하였다. 이후 충렬사에 추가로 배향되는 인물이 계속 늘어나는 가운데 윤계는 1788년(정조 12)에야 다시 추향될 수 있었다.

[그림 3] 강화 충렬사(출처: 필자 촬영, 2023.11.24.)
1658년(효종 9)에 사액된 사우로서 병자호란의 전란과 관련된 인물들을 배향하였다. 강화 중군(中軍) 황선신(黃善身)의 전사를 기억하는 효종이 평해 황씨 자손에게 벼슬을 하사하고 술 곳 강화에 거주하였다.

서원이나 사우는 사족들이 결속하거나 때로는 대립하며 재지 기반을 강화해 나갔던 주요 근거지였다. 하지만 강화에서는 다른 지역에 비해 서원이나 사우의 발달이 두드러지지는 않았다. 서원은 존재하지 않았고 사우도 충렬사를 제외하면 그 연원이나 지역에서의 위상을 파악하기 어렵다[12]. 임진왜란과 병자호란을 겪으면서 강화지역의 군사적 위상이 강화되면서 '다무소문(多武少文)'

하게 된 상황이 이와 관련이 있을 것으로 보인다. 재지 사족의 또 다른 세력기반으로 면별로 설립되어 있던 동계(洞契)도 강화에서는 17세기 말 이미 제 역할을 못하거나 해체되고 없었다[13].

이러한 가운데 재지기반을 형성한 성씨집단의 외연은 더욱 확대되었다. 『여지도서』에는 예부터 전해오던 성씨 외에 장령면의 강, 하음면의 나·봉, 인정면의 장, 삼해면의 허, 상도면의 계·정, 하도면의 방, 송정면의 박, 불은면의 구씨 등이 새롭게 성장한 성씨 집단이었다. 교동면에는 뇌·안씨가 사라진 반면 새롭게 기재된 성씨는 없다[14]. 각 성씨집단은 조선후기 대개 문중을 형성하여 족적기반을 강화하였다. 문중의 형성은 사족층의 재지기반 약화와 민의 성장, 관권의 침탈에 대한 대응이라는 성격을 띠고 있었다. 문중의 지역 내 영향력은 구성원의 중앙 진출, 관권과의 관계, 학문적·경제적 기반 등 여러 요인에 의해 좌우되었다. 『강화부읍지(江華府邑誌)』, 『강화부지(江華府志)』 등 강화 지역 읍지류의 인물조, 특히 과거 배출자에 대한 기록 등은 이를 간접적으로나마 알려준다. 하지만 읍지류에 기재된 개별 인물의 정보에는 분석의 한계가 있다. 본관이나 직역, 과거 합격 연도 등을 확인하기 어려운 것이다. 이에 비해 생원이나 진사시 합격자 명부인 『사마방목(司馬榜目)』에는 개인에 관한 많은 정보가

---

12 韓國精神文化硏究院(1997), pp.631~632.

13 『江都志』上, 風俗.

14 『輿地圖書』江華府誌 江華府 姓氏.

있다. 또한 사마시는 문과 대과의 기초가 되기 때문에 문과 급제자보다 훨씬 많은 수를 배출하여 지역 내 사족의 족세를 더욱 폭넓게 파악할 수 있으며 후술하게 된다.

2) 근대의 시작

강화지역의 문중 중심 세력은 1900년대를 전후로 부분적으로 서구 문물의 수용이 이루어지기 시작하면서 해체되거나 새롭게 변신하게 되었다. 일제의 국권침탈과 관련하여, 일본인들의 국내 이주가 증가하면서 생활 문물의 수용이 늘어나고 의료·도로·운송·우편·통신·전기 등의 근대 문물이 수용되었다. 병인양요(1866), 신미양요(1871) 등을 거친 1900년대 이후 강화는 서해안의 중요 군사요충지로서의 그 중요성이 점차 떨어지게 되었고, 섬이라는 환경적 요인으로 인하여 이전의 위상을 회복하지 못하였다. 근대화라는 측면에서는 오히려 타 지역보다 서구 문물의 정착이 늦어졌다. 이 시기에 새로운 산업의 이식과 행정구역의 변경, 및 새로운 지배세력이 등장하게 되었다. 유학을 숭상하던 기존 유림들의 변신과 몰락이 이루어지고 농업보다는 상공업이 세력을 확장하게 되었다. 이들 세력은 자본주의라는 제도적 정비에 힘입어 영향력을 키웠다. 무엇보다도 강화주민의 소유권 등재와 거래의 자유는 1914년 이후이다. 강화지역의 사법업무 중에는 인천지방법원 강화등기소가 강화읍 갑곶리 340-2번지에 개설되었다. 강화등기소는 1914년 경성지방법원 강화출장소로 출발해서 1947년 1월 1일 서울지방법원 심리원 강화등기소로 개칭되었다. 그후 1948년 6월 1일 서울지방

법원 강화등기소로 다시 개칭되었다가 1963년 7월 1일 서울민사지
방법원 강화등기소로 이름이 바뀌었다. 1972년 12월 31일 강화등기
소는 강화읍 갑곶리 340-2번지 대지 509평에 철근 콘크리트조
슬래브지붕 1층 55평을 건립하여 이사하였다. 1979년 9월 1일 수원
지방법원 강화등기소로 개칭되었다가 1983년 9월 1일 인천지방법
원 강화등기소로 개칭되었다.

조선시대의 마을과 마을을 연결하던 강화의 도로는 인마(人
馬)가 겨우 통행할 정도로 좁고 교량은 대부분이 목교(木橋)여서
안전하지 못하였고, 일제시기에도 주요 간선도로만 일부 개선되
었다가 1938년 이후 폭 12m의 강화일주도로가 개설되면서 교량
도 석조나 콘크리트로 가설되었다. 그나마 갑곶진에서 부내-송
해-하점의 중심지대를 동서로 관통하는 도로가 개통되면서 서
북으로 양사면 인화진(寅火鎭)에 이르는 도로 약 20㎞와 읍내 동
문에서 월곶진에 이르는 4㎞가 다른 도로보다 일찍 정비되었다.
강화는 배편으로 육지와 연결되었다. 개항 이전에 민간이 이용
하였던 선박은 목선이었는데, 1890년대에는 소형증기선이 운행
되었던 것으로 보인다.

성공회 워너 신부가 영국총영사대리 윌킨슨(Wilkinson)에게
1893년 9월 초에 보낸 편지를 보면, "서울에서 가장 가까운 입구
또는 접안지는 갑곶진으로 알려진 곳으로, 약 3마일 내륙에 있
는 읍도(邑都)에는 강화행 승객이 타고 내리는 강상(江上) 소형
증기선이 다니고 있다"고 하였기 때문이다. 소형증기선이 언제
부터 인천과 강화 사이를 운행하였는지는 알 수 없으나, 외국인

의 출입이 늘어나던 1890년 전후에 운행되고 있었다. 1910년대 후반 일본인에 의하여 기선이 도입되었으나 주민들은 기선을 이용하지 않고, 한국인이 운영하는 삼신기선회사(森信汽船會社)의 기선을 이용하였다. 물론 증기선은 강화의 일반 주민들을 위한 교통편은 아니었고, 외국인이나 관리, 부유층이 이용하였을 것이다. 그것은 1921년의 다음과 같은 기록에서도 짐작된다. 1921년 10월 12일 서울 보성소학교(普成小學校) 수학여행에 인솔교사와 학생 82명이 참가하였는데, 목선 4척을 세낸 것으로 미루어 20명 내외가 탈 수 있는 규모의 목선이 운행되었음을 확인할 수 있다.

"우리 일행의 예상은 신속하고 편리한 증기선이었으나 형편에 의하여 불편하나마 부득이 목선을 타게 되었다. 왕복 36원으로 목선 네 척을 불러 타고 70리 수로에 노를 젓기 시작하였다"[15].

1935년에 경기도에서 강화도에 대교량을 설치할 계획이었으나, 구체화되지는 못하였다. 1920년대부터 강화 내에 자동차가 운행되었고, 강화에서 기선으로 선적한 다음 김포를 거쳐 영등포와 서울을 잇는 합승형태의 자동차도 운행되었다. 1969년 12월 강화와 김포가 교량으로 연결되기까지 육지와의 연계는 선박에 의존할 수 밖에 없었다[그림 4].

---

15 『신편강화사』 재인용.

[그림 4] 1967년경의 갑곶나루터(출처: 『강화의 어제와 오늘』, 2008, p.175)
갑곶나루와 성동나루터를 오간 화물선은 1970년 1월 강화구대교 건설 전까지 운행되었
다. 화물선 뒤에 보이는 돛단배가 오랫동안 전통시대에 운행되었다.

또한 1905년 5월에는 임시우체소가 설치되었으나 1906년에
폐지되었다가, 1907년 다시 우편취급소가 설치, 1908년 우편전
신취급소로 변경되었다. 1911년 10월에는 우편국으로 개편되었
다. 강화의 전기공급은 대도시에도 1910년대에 들어 전기가 공급
되었던 것을 미루어보면 강화와 같은 도서 지방에의 전기공급은
쉽지 않았을 것이다. 인천전기주식회사가 있었지만 1924년부터
는 경성전기주식회사가 인천에 송전을 하는 상황이었고, 가설료
와 전기요금이 비싸 일반인은 전기사용이 쉽지 않았다. 물론 군청
이나 경찰서·학교·전신을 취급하던 우편국 등의 행정기관에는
이보다 일찍 전기가 공급되었을 것이다. 1930년대 강화 주민에게
전기가 공급되었으며 다음의 신문기사가 이를 알려준다.

"강화군 부내면(府內面) 급(及) 선원면(仙源面)과 김포군 월곳
면 지방의 주민은 다년(多年) 점등(點燈)을 요망하고 잇으면서도
변추(邊詩)의 지역임으로 지금까지 전기의 은혜를 입지 못하야섯
스나 금반(今般) 경성전기가 우 지방을 공급구역에 편입하고 군내
면의 신곡리발전소로부터 약 이십육 천(綬)의 보통고압배선을 연
장하야 전기를 공급하기로 되었다"[16]

1934년에 경성전기주식회사에서 강화의 부내면과 선원면 및
김포군 월곳면에 전기공급을 시작했으며 전화는 1920년대 중반
까지 우편소에만 설치되었던 것 같다. 1924년까지 군청에서 전
화가 가설되지 않아 필요할 때마다 우편소에 가서 전화하는 불
편 때문에 전주공사에 착공하였다는 사실은, 기타 관공서나 회
사, 일부 개인에 대한 전화 가설은 1920년대 후반 이후에나 가
능하였을 것이다. 즉 강화가 섬이므로 송전이나 전화의 가설이
육지보다 늦었던 것이다. 전근대적인 양조장, 정미소 등이 근대
적인 규모로 전환된 경우가 그리 많지 않았다. 1910년대 조선총
독부의 『조선총독부통계년보(朝鮮總督府統計年報)』나 동아경제
시보사(東亞經濟時報社)의 『조선은행회사조합요록(朝鮮銀行會社
組合要錄)』에는 이들 시설에 대한 보고가 없다. 이는 금융·보험
등의 근대적 산업, 제조공업·운수창고·농림·수산·상업·광업
등 전분야에 걸쳐 근대적인 생산체제를 갖추거나 자본을 집적한

---

16 『신편강화사』 재인용.

산업이 거의 없었다는 사실이다.

1920년대 중반에서야 산업체제의 근대화와 근대 문물의 정착이 어느 정도 이루어졌다. 이처럼 근대 문물의 정착이 강화에 더디었던 것은 강화에 일본인의 거주가 많지 않았던 점과도 무관하지 않다. 이는 강화인의 배타적인 성향으로 인하여 일본인 정착이 어려웠던 것이다. 1910년 당시 강화에는 일본인이 13호 50명이 거주할 뿐이었는데 10여 명뿐인 일본인 아동의 교육을 위하여 1909년 4월에 강화심상고등소학교(江華尋常高等小學校)가 설립되었다. 5만 명이 넘는 한국인을 위한 공립학교가 강화보통학교 1개교에 불과한 점을 고려할 때, 통감부시기부터 일제의 정책이 일본인 위주였음을 알 수 있다. 1918년 당시 일본인은 45호 132명이 거주하였는데, 이 중에서 31호 89명이 읍내에 거주하였다. 강화인구의 0.2%도 되지 않아 경기도에서 일본인 인구가 가장 적은 곳이었다.

일본인의 숫자는 크게 증가하지 않았는데, 6년이 지난 1924년에도 61세대 143명에 불과하였다. 일본인의 대다수는 행정기관이나 학교 등에 근무하였을 것이다. 일반 일본인들은 상업이 발달된 도회 지역에 많이 거주하였는데, 강화는 상업이 크게 발전하지 않는 곳이었다. 그렇기 때문에 일본인의 대부분은 강화 읍내에 거주하였다. 강화가 다른 지역과 교역이 없지 않았으나, "모두 우리 손으로만 팔고 삽니다. 다른 민족들은 모두 낭패하고 갔습니다"라고 하여, 생산과 소비가 강화 내에서 이루어지고 있어 상업의 규모가 크지 않았다. 강화에 거주한 외국인은 일본인을 제외하면, 중국인과 선교사로 추정되는 구미인이 1918년에는 각기 1명씩, 1926년에는 중국인이 9명, 구미인이 2명에 불과하였다.

개항 이후 강화지역의 변화 가운데 하나가 외국인이 거주하게 된 것이지만, 군사적 요충지로서의 가치가 떨어지게 되자 농업과 어업이 중심이 되는 섬에 기초적인 행정·교육기관 등에 근무하는 외국인을 제외하면 그 숫자는 아주 적었다. 그것은 그만큼 강화가 지닌 섬 지방의 보수적인 색채이기도 하였다. 곧 다른 지역은 외국인 선교사들의 활동도 적지 않았지만, 강화인에 의하여 기독교도 발전하고 있었다. 서양 의료시설의 경우, 기독교가 일찍부터 수용되어 서양 선교사에 의한 강화의 의료시설이 마련되었다. 영국인 외과의사 로우스(Laws)가 1898년 진료소를 설치하고 3,500여 명에게 의료혜택을 주었다고 한다. 또한, 1916년경 한서의원(漢西醫院)이 개업한 것으로 나타나고 있다. 1930년대 초반까지 서양식 의원으로는 홍인당의원(弘仁堂醫院)·한서의원·청산의원(靑山醫院)이 읍내에, 강화의원이 길상면 온수리에서 개업하고 있었다.

한편, 강화에서 최초의 공립학교는 1899년 설립된 강화보통학교이다. 이 학교는 부내면 홍문동(紅門洞)에 위치하였는데, 개교 당시 강화군수였던 한영복(韓永福)이 교장을 겸임하였다. 1910년 말 현재 강화보통학교에는 4개 학년, 5개 학급으로 일본인 교장과 5명의 한국인 교사가 재임하고 있었으며, 남학생 138명, 여학생 36명 등 총 174명이 재학하고 있었다. 당시 경기도에는 공립

보통학교가 수원·개성·인천·안성·여주·강화의 6개 처에 운영되고 있었다. 경신년(1920)에 길상보통학교가, 신유년(1921)에 하점보통학교가 각각 설립되었다. 하지만 그보다 먼저 강화에서는 공립학교보다 사립학교의 역할이 중요하였다.

강화의 기독교인들은 선교 초기부터 신앙교육과 계몽교육을 위한 주일학교를 설립하여 운영하였다. 1897년에 홍의에 학교가 설립된 것이 나타나지만, 1901년 강화 부내에 합일학교(合一學校)가 설립되어 근대교육의 신기원을 이루었다. 합일학교는 존스 목사가 설립하였는데, 교장은 박능일(朴能一)·손승용(孫承鏞)·김현호(金顯鎬)·최상현(崔尙鉉) 등이 맡았다. 1902년경에 합일여학교가 설립되었다. 이어서 1904년 강화진위대장이던 이동휘(李東輝)가 감리교로 개종한 이후, 국권회복을 목적으로 한 보창학교(普昌學校)를 설립하여 강화 전 지역에 커다란 영향을 미쳤다. 보창학교 학생들은 모두 단발을 하고 교복을 입었고, 교과목은 한문·한글·일본어·영어·산수·한국사·한국지리·기초과학 및 웅변술과 군사훈련 등이며, 1905년 당시 교사 6명이 학생 200여명을 가르쳤다. 이동휘가 설립한 보창학교의 영향으로 말미암아 강화에는 70개가 넘는 사립학교가 설립되었다. 사립학교였던 보창학교는 16면 114개 마을을 56개 학구로 나누어 학구마다 사립학교를 신설하였는데 진명, 계명, 창화, 공화 4개교 이외 52개 학교가 그것이다[17].

1893년 9월 조선 정부에서는 영국 정부와 협의하에 강화에 해

---

17 김성학(2014).

군사관학교를 설치하고자 하여 수사해방학당(水師海防學堂), 또는 통제영학당(統制營學堂)·총제영학당(總制營學堂)을 개편하기로 하였다. 1894년 4월 고빙된 교관 윌리암 콜웰(William Callwell) 영국 예비역 해군대위가 조교관 커티스(John. W. Curtis) 하사관과 함께 갑곶진(甲串鎭)의 교사에서 교육을 실시하였다. 이때 수병을 포함하여 160명이 교육을 받았으나, 생도는 대략 30명 내외였던 것으로 보인다. 해군사관학교는 청일전쟁과 일본의 방해로 그해 11월에 폐쇄되고 말았다. 콜웰은 1896년 5월까지 사관학교의 재개를 고대하다가 결국 귀국할 수밖에 없었다. 1900년대를 전후로 지역적으로 부분적으로 서구 문물의 수용이 이루어지기 시작하였지만 강화 근대산업이 본격적으로 이루어지기까지는 시간이 걸렷다. 전통적인 농업에 의존하며 지주와 소작관계가 잔존하는 당시에 진정한 의미에서의 자본주의가 싹트기에는 오래 걸리지 않았다.

1910년대 하점면의 대지주인 이동승 등이 개량직기 사용하면서 직물산업이 근대화되기 시작하였는데 자영농민에 의한 한국 근대 자본주의의 싹이 튼 계기였다고 할 수 있다. 농업에 의한 상업작물의 재배와 같은 자본주의 발전은 답보상태에 놓여 있었다. 더욱이 강화지역 역시 일제강점기 아래에서 근대시민사회의 근간이 되는 주민자치의 민주주의가 자리잡지 못하였으므로 강화의 근대라는 표현은 적절치 않다고 본다. 자본주의의 축 중 하나인 사유재산제도는 확립되었지만 시민이 참여하는 시장경제체제라고 부르기는 어려웠다. 특히 강화는 개성과 한양의 중간에 위치하여 전국적인 규모의 시장이 개설되지 못하였다. 강화에 상업활동이 활발하였다면 네덜란드의 경우처럼 기독교나 양명학 그룹에 의한 상업 활동이 조화를 이루어 현대 자본주의 체제의 조기 형태를 형성할 수도 있었을 것이다. 이는 윤치호의 상업자본에 의한 산업화 노력의 실패에서 알 수 있다. 그는 개성상인들을 파트너로 설정하여 조선의 산업화를 시도하였으나 개성상인들의 자본이 토지와 대부업에 집중되어 있었기 때문으로 보인다. 개성상인들은 일제의 조선미 수탈정책과 인삼전매제도 그리고 금융경영에 편승하여 인삼과 미곡 중심의 토지 경영과 고리대금업에 안주하면서 산업자본가로의 변신을 외면하였다[18].

---

18 강명숙(2016).

Ⅱ
근대사회와 자본주의 정신

1. 근대사회의 성립

강화에 등기소가 들어서고 우편국이 개설되거나 증기선 및 자동차가 운행되었다고 해서 근대사회로 변화되었다고 말할 수는 없다. 근대사회의 특징이 이런 것만을 말한다고 보기 어렵기 때문이다. 자본주의, 산업화, 신분제가 폐지된 합리적인 사회활동과 민주화 등이 실현되어야 근대사회라고 할 수 있다. 근대사회를 구성하는 이러한 요소들은 서로 맞물려있으므로 프랑스혁명이 일어났던 1789년부터 20세기의 제2차 세계대전을 거쳐 1970년대 초까지에 걸쳐 200년간에 걸쳐 나타난 사회를 근대사회라고 할 수 있다. 한국에서 근대사회가 언제 시작되었는지 하는 문제는 다양한 견해가 있을 수 있는데 어떤 이는 조선시대 말부터 시작되었다고 하고 또 다른 이는 일제강점기를 출발점으로 삼아야 한다고 역설하기도 한다. 민주화라고 하는 입장에서는 1988년 이후라고 주장할 수도 있다. 일상생활에서 찾아볼 수 있는 사회적 현실의 성격과 구조가 변화하고 있음을 실감하게 되는 사회가 근대사회이며 이에 따른 모더니즘이 실감되어 시민 개개인이 새로운 환경에 처하면서 자신이나 세상에서 찾아볼 수 있는 모험, 권력, 기쁨, 성장, 변화를 경험해야 하는 것이다. 그렇게 되기 위해서는 경제가 성장하여 모든 개인이 어느 정도의 사유재산이 충족되어 있어야 한다. 개인과 기업이 자신의 재산과 자원을 소유하고 관리할 수 있는 권리를 보장하여 경제 주체들이 자유롭게 생산, 교환 및 투자를 할 수 있도록 하는 사유재산제도는 일찍이 확립되었다. 하지만 1960년대의 경제개발이 이루어지기 전까지 대부분이 무산계급이었기 때문에 자유시장 경제의 기반이 형성되었다고 보기 어렵다. 어느 정도의 사유재산이 형성되어 있어야만 개인과 기업이 노력과 창의성을 통해 자신의 재산 증식과 보호에 힘쓰게 된다. 즉 경제 주체들이 경쟁을 통해 혁신과 효율성을 증진시키는 원동력이 되는 경제적 동기부여가 이루어져야 한다.

또한 근대사회란 사유재산에 의한 발전과 변화만을 의미하는 것이 아니라 변화 그 자체를 동경하는 사회이다. 근대사회에서는 변화가 정지되지 않고 지속적으로 일어나야 한다. 만약 휴식을 하여 잠시라도 정지한다면 변화무쌍한 세상에 추월당하여 낙오됨을 느끼게 된다. 근대사회는 누구도 알 수 없는 목표를 향해서, 또 무엇을 위한 것인지도 모른 채 끊임없이 변화하는, 변화를 위한 변화를 지속하는 사회인 것이다.[1] 강화지역에서 근대사회의 성립은 외부로부터 강요된 변화의 연속이었다. 전근대 조선왕조가 몰락해 가는 가운데 스스로 자주와 자강을 하고자 하는 노력은 도서, 이른바 섬 기질이라는 자족성을 기반으로 하여 성립되었다.

19세기 말 간척이 거의 완료된 시점에 새로운 의료기술의 도입에 따라 늘어난 인구를 부양하기 위한 과정은 육지와 단절된 도서라는 항아리 속의 몸부림이었으며 어업과 농업을 탈피한 새로운 출구가 필요하였다. 소수의 지주와 다수의 소작인으로 이루어진 강화에서 새로운 직물업이 유산 계급을 위한 자본 축적의 원동력을 제공하였다. 왕가에 공급하던 화문석 제조의 기법은 새로운 직조기기가 외부로부터 공급되고 이를 개조하여 가구마다 공급함으로써 노동과 자본이 자연스럽게 결합하게 되었다. 이는 새로운 직물, 즉 마사와 인조견 직물산업으로 발전하게 됨으로써 섬 자체에서 소비할 수 있는 범위를 넘어서는 것이었다. 근대적 직기에 의한 산업발전은 급격한 생산을 가져오고 외부 시장에 공급함으로서 시장경제의 질서가 확립되어 갔다. 이러한 생산량은 일본제국주의의 확장에 기여한 바 있지만 자본주의의 토대를 마련한 일은 사실이다. 이는 또한 영국의 워시만(The Wash Bay)의 펜랜드 지역이나 네덜란드의 폴더(Polder)와 같이 강화주민이 가장 중요한 덕목으로 여겼던 경제적 자립의 전통이 자본주의 정신으로 계승된 것이다.

시장경제의 질서 속에서 생산이 계속적으로 확대되어 가는 과정은 과거와의 단절을 가져와 과거와 소원해지는 현상이 나타

---

1   조흡(2002).

난다. 전통의 가치가 뿌리채 뽑혀 기술진보와 과학적 합리성, 자연의 정복, 새로운 예술과 패션, 억압적 전통으로부터 개인의 해방이 이루어지는 사회가 근대사회의 모습이다. 특히 전통시대의 자애로운 어머니로 대표되는 여성상은 근대 학교 교육에서 직업과 노동자로서의 의식으로 바뀌면서 강요된 영혼의 노동자, 감정의 노동자가 아니라 구국과 자강의 근로의식을 가진 여성상으로 바뀌게 되었다. 무엇보다도 자본으로 표현되는 돈은 그 전능함 때문에 어떤 순간에도 추구하는 절대적인 목표가 되어 버렸고 돈이 개인에게 수레바퀴 역할을 하게 된 것이다.

돈이라는 수레바퀴를 위하여 개인은 움직이지만 인간을 끊임없이 움직이는 영구기계로 전락시켜 가리지 않고 사물을 돈으로 수량화하는 일은 전근대사회에서 가치있는 것으로 여겨졌던 것들을 쓸모없는 것으로 만들어버리게 되었다. 자본주의 정신에서 가장 중요한 가치는 쾌락을 피하고 욕구를 절제하면서 오로지 돈을 버는 것이 되며 돈벌이가 물질적 생활 욕구를 충족하기 위한 수단이 아니라 그 자체로서 삶의 목적이 된다. 그 전에도 더 좋은 일에 쓰기 위해서나 안주하지 않고 계속 모험적으로 살고 싶은 마음에 끊임없이 돈을 벌려는 사업가들이 있긴 했지만, 오늘날 순수하게 돈벌이 자체를 인생의 의무로 생각한 사람은 찾아보기 어려웠다.

이제 자본주의 사회에서는 재물욕, 금전욕이 비난받을 만한 것이 아니라 마치 인간의 본능처럼 당연한 것이 되었고 오히려 미덕으로 칭송받는 지경에 이르렀다. 먹고살기 위해 꼭 필요한 것만 살 만큼의 얇은 외투 같은 소비 욕구를 가질 것을 권고했던 개신교 목회자의 말과 달리, 현대인은 강철 상자처럼 빠져나오기 어려운 소비문화 안에서 살아간다. 이제 더 이상 누구도 왜 자신의 직업에 충실해야 하는가, 왜 끝없이 부를 추구해야 하는지 질문을 할 이유가 없다. 자본주의 사회에서 쉴 틈 없는 노동과 부의 축적, 끊임없는 소비는 매일 세 끼의 식사를 하는 것처럼 너무나 당연한 일이 되었다.

자본주의 사회에서 인류가 이뤄낸 엄청난 발전에 도취된 사람들은 스스로 '최후의 인간'이라는 자만심에 빠지기 쉽다. 하지만 최후의 인간은 다르게 말하면 정신없는 전문인, '가슴 없는 향락인'이다. 자본주의에서 당연한 것이 되어 버린 직업 의무에 따라 매일 성실히 일하고 많은 돈을 벌지만 쳇바퀴처럼 돌아가는 삶 속에서 정신은 텅 빈 느낌이다. 더 큰 쾌락을 위해 힘들게 번 돈을 아낌없이 쓰지만 밑 빠진 독에 물 붓기일 뿐이다. 직분에 충실하려는 자본주의 정신이 사라진 이후 현대인은 통장에 든 돈과 살고 있는 집의 가격으로 행복의 양이 곧바로 계산될 수 있게 되었다. 여성의 경우 전근대시대에는 성적으로 억압당하였으며 고된 육체노동이 부덕으로 미화되어 견디어 왔다. 비록 직업인이 되었지만 강화의 여성 직물노동자는 초기에 하루 2교대의 고된 노동을 견디며 노동력을 제공하였다. 그 후 근대사회에서는 여성해방, 즉 페미니즘운동이 전개되면서 출산과 육아를 포기하는 벼랑 끝에서 개인의 행복이라는 도취에 빠지게 되었다. 페미니즘을 포함하여 경제적 불평등의 심화 등 다양한 난제를 해결하여 새로운 근대사회를 한국인이 앞으로 어떻게 만들어

가야 하는 지는 해결해야 과제이다. 탈중심적이며 민주적인 정
신은 권력과 자본의 집중에 의한 변화의 정신을 어떻게 복합시
켜가야 하는 지에 달려있다고 본다. 끊임없는 사회변화의 동인
은 기업가와 그 정신이라고 할 수 있고 새로운 혁신을 이끌어낼
수 있는 정부의 규제개혁이 이루어져야 한다. 또한 노동계의 변
화가 직업교육과 산업계와 맞물려만 근대사회를 이끌어 낼 수
있다. 강화지역 또한 오늘날 대기업이 전무하지만 관광과 소비,
및 식음료를 중심으로 하고 교육산업이 자리잡으면서 끊임없이
변화하는 근대사회의 모습을 보여주고 있다.

2. 자본주의 정신과 기업가 정신

1) 자본주의 정신의 기원과 전개

강화지역의 자본주의 정신을 이해하기 위해서는 무엇보다 자
본주의의 기원과 전개에 관한 일반적인 이해가 이루어져야 한
다. 인간의 근면과 노동이 자본주의 기원이며 기독교 성경에 잘
나타나 있다. "네가 흙으로 돌아갈 때까지 얼굴에 땀을 흘려야
먹을 것을 먹으리니 네가 그것에서 취함을 입었음이라 너는 흙
이니 흙으로 돌아갈 것이니라 하시니라"(창세기 3장 19절)라고
하였고 일에 능숙하여야 함을 강조하고 있다. 이것은 칼뱅에 의
하여 직업윤리를 강조하는 교리로 자리잡았다. 직업윤리는 자본
주의 정신세계에서 가장 중요한 요소인데 이를 베버(Weber,

Maximilian Carl Ernst)가 설파하였다. 기독교에 의하면 노동의 고통을 묵묵히 참고 견디어내는 일이 인생의 가장 중요한 의무가 되는 것이다. 노동의 가치에 대하여 아담 스미스(Smith, Adam) 또한 국부론(1776)에서 이미 강조하였는데 이를 베버가 기독교의 윤리와 관련시킨 것이다. 18세기 스코틀랜드의 경제학자이며 자유주의 경제학의 선구자 중 하나인. 아담 스미스는 「국부의 본질에 관한 고찰(An Inquiry into the Nature and Causes of the Wealth of Nations)」이란 그의 저작 속에서 '부의 본질과 노동가치설'을 다루었다. 부의 본질(Wealth of Nations)과 함께 스미스는 국부(Wealth)를 물질적인 부의 축적이 아닌 생산성과 생산물량으로 정의했다. 국부는 국가의 물질적 번영과 관련이 있으며, 이는 개인과 사회의 생산 활동에 의해 생성된다고 주장하고 특히 노동가치설(Labor Theory of Value)을 제시하였다.

스미스는 상품의 가치를 결정하는 주된 요인으로 노동을 강조해 그는 노동을 상품의 가치를 측정하는데 사용되는 일종의 측정 도구로 보았으며, 이를 '노동가치설'이라고 한다. 즉, 상품의 가치는 그것을 만드는데 든 노동량에 비례한다고 주장하였다. 이러한 개념을 통해 자유 시장 경제와 경제 주체의 개별적인 이익 추구 행위가 사회적으로 유익한 결과를 낼 수 있다고 주장하였다. 이는 현대 자유시장 경제의 기초를 마련한 중요한 이론 중 하나로 간주하였다. 동시에 아담 스미스는 사유재산제도(Private Property System)가 자본주의 경제의 중요한 요소 중 하나로서 이 제도는 다음과 같은 측면에서 자본주의 경제에 대한 중요한 영향을 미쳤다. 사유재산권은 개인과 기업이 자산을 늘리기 위해 투자하고 자본을 형성할 동기를 부여하는데 자본 형성과 투자에 의하여 생산성이 증가하고 경제가 성장할 수 있다고 하였다.

사유재산제도는 개인과 기업이 자신의 투자와 노력에 대한 보상을 받을 수 있는 구조를 제공하고 이는 리스크를 감수하고 경제 파동에 대비할 동기를 부여해 준다고 하였다. 사유재산제도는 부의 불평등을 증가시킬 수 있고, 환경 파괴와 같은 문제를 초래할 수 있다는 우려도 있으며 이로 인해 사회적 정의와 균형을 유지하기 위한 정책 논의를 해야 하는 것이다. 즉 사유재산제도는 자본주의 경제의 중요한 특징 중 하나로, 개인과 기업의 자유와 경제적 동기부여를 강화하며 경제 성장과 혁신을 촉진하는 역할을 하고 이로 인해 발생하는 불평등과 환경 문제 등의 고려도 필요하며, 균형을 유지하기 위한 정책이 필요하여 공공의 개입이 필요하다고 하였다.

베버는 직업윤리가 기업가 윤리로 정리되었다. 베버는 자본주의 정신을 제창하면서 기업가의 단순한 처세술이 아니라 하나의 윤리이며 '에토스'라고 주장하였다. 자본주의 정신은 한 시대의 사람들이 함께 가지고 있는 정신적 태도, 사회적 관습이라는 것이다. 만약 자본주의 정신이 어떤 한사람 혼자만의 것으로 남고 사회의 에토스가 되지 못했다면 자본주의는 등장하기 어려웠을 것으로 보았다. 베버는 근대 자본주의의 추진력이 자본주의 정신의 발달에 달려있다고 보았다. 자본주의 정신의 소유자는 파렴치한 투기업자, 경제적 모험가, 벼락부자와 거리가 멀었다. 자본주의가 막 형성되던 시기에 대부분의 자본가들은 일종의 금욕주의적인 성격을 가지고 있었다. 자신을 위해서는 재산을 조금도 사용하지 않으며, 단지 완벽한 직무 완수를 목표로 했다. 이것은 자본주의 이전의 사람들에게는 도무지 이해하기 어려운 태도였다.

베버가 말한 바 돈을 쓰지는 않고 계속 모으기만 한다는 것은 어쩌면 상당히 비합리적인 태도라고 볼 수도 있다. 돈을 쓰면서 즐거워하는 것이 아니라 그저 쌓기만 하면서 즐거워한다니, 왠지 '변태'가 아닐까 의심스러울 정도다. 실제로 중세 문화를 장악하고 있던 가톨릭교회는 이윤 추구에 대해 결코 좋게 보지 않았다. 지나친 이윤 추구뿐만 아니라 아예 이윤 추구 자체를 못마땅하게 봤다. "낙타가 바늘귀로 들어가는 것이 부자가 하나님의 나라에 들어가는 것보다 쉽다"(마태복음 19장 24절. 마가복음 10장 25절. 누가복음 18장 25절)라는 성경 구절에 충실했다. 하지만 점점 경제가 발전하자 가톨릭교회는 마지못해 어느 정도의 부를 축적하는 것과 적정한 규모의 이자를 받는 것 정도를 허락해 주었다. 15세기에 이미 장거리 무역이 활발히 벌어지고 세계 경제의 최첨단에 서 있던 지중해 일대에서도 돈벌이에 대해 한결 너그러워진 분위기이긴 했지만 기껏해야 '권장할 일도 아니지만 비난할 일도 아니다'라는 정도에 그쳤다. 물질적인 변화가 항상 앞서고 사람들의 정신적 태도가 뒤따라서 변한다고 믿는 학자들은 자본주의 경제 발전이 자본주의 정신을 낳았다고 주장할 수 있다.

그러나 베버는 실제 역사에서 벌어진 일들을 거론하며 물질과 자본주의 정신의 선후 관계가 완전히 정반대였다고 주장한다. 미국의 경우를 보면 자본주의 정신은 자본주의 경제발전보다 훨씬 먼저 있었다². 또한 개신교 목사나 신학교 졸업자들이 종교적인 동기에서 세운 식민지들에는 자본주의 정신이 있었지만, 막상 자본가들이 사업 목적으로 세운 식민지들에서는 자본주의 정신을 찾기 힘들었다. 그런데 왜 돈을 끊임없이 불려야만 하는 걸까? 죽을 때까지 써도 다 쓸 수 없을 만큼의 돈을 모으기 위해 애써야만 하는 이유가 과연 뭘까? 이 질문에 대해 정작 베버 본인은 무신론자에 가까웠지만, 성경에 나오는 솔로몬의 잠언으로 답했다. "네가 자기의 일에 능숙한 사람을 보았느냐. 이러한 사람은 왕 앞에 설 것이요, 천한 자 앞에 서지 아니하리라" (잠언 22장 29절)라고 한 이 말은 프로테스탄트가 자주 듣는 가르침이었으며 돈을 열심히 버는 것이야말로 일에 능숙함을 증명하는 유일한 증거였다. 일에 능숙하다는 증거로 돈을 벌고 또 벌어야만 한다는 이 독특한 직업윤리는 그저 참조할 만한 처세술이 아니라 자본주의 사회의 구성원이라면 무조건 받아들여야 하는 사회적 관습이 되었다. 현대의 자본주의 경제 질서는 방대한

2　벤자민 프랭클린은 자신의 고향에서 이러한 일이 벌어졌다고 저서에서 밝히고 있다.

우주와 같아서 개인이 혼자 어찌할 수 있는 성격의 것이 아니다. 적응하지 못하는 자는 오로지 배척될 뿐이다. 이제 돈벌이에 최선을 다하는 것은 도덕적으로 간신히 비난받지 않을 만한 일 정도가 아니라 오히려 도덕적으로 반드시 따라야만 하는 명령이 되었다[3].

이러한 태도는 칼뱅주의자(Calvinist)에게서 잘 나타난다고 베버는 설파하였다. 첫째 칼뱅주의 신도는 일단 무조건 자신을 하나님이 선택한 자로 여겨야만 했다. 선택을 의심하는 것이야말로 은총이 불충분한 결과이기 때문이다. 루터파 신도들이 하나님 앞에서 늘 죄를 회개하고 참회하는 '죄인'이었던 반면, 칼뱅주의 신도들은 자신감 넘치는 '성도'가 되었다. 둘째, 칼뱅주의 신도는 자기 직업에 충실해야만 했다. "칼뱅주의"는 부단한 직업 노동이야말로 구원을 확신하기 위한 가장 탁월한 수단이라고 가르쳤다. 성실한 노동만이 의심을 씻어 버리고 구원의 확실성을 제공한다는 것이다. 구원을 얻는 수단 같은 것은 전혀 없지만 구원에 대한 의혹을 씻어 주는 수단은 있을 수 있는데, 그것이 바로 충실한 직업 노동이었다.

중세 가톨릭교회는 수도원에서의 삶을 하나님을 위한 아름다운 삶으로 칭송했고, 수도원 밖의 세상을 죄악에 물든 땅으로 묘사했다. 하지만 프로테스탄티즘에서 이러한 구분은 사라졌다. 다만 선택받은 자와 선택받지 못한 자가 있을 뿐이다. 선택받은

---

3   김성은(2011), pp.126~128.

신자는 어디에 있든, 어떤 일을 하든 매일 매순간 하나님의 영광을 위해 살아가야 한다. 특히 칼뱅주의는 가장 철저하게 세상 모든 활동에 대해 종교적인 가치를 부여하고 윤리적인 지침을 마련했다. 칼뱅주의 신도들은 수도원에 굳이 들어가지 않더라도 수도사 같은 삶을 살아야만 했다. 수도사가 엄격히 지키던 금욕적 생활을 속세에서 그대로 해야 했다. 모든 일은 하나님의 영광을 위한 일이므로 시간을 헛되이 낭비하면 안 되고 게으르게 살아도 안된다. 사치해서도 안 된다. 가톨릭처럼 고해성사나 면벌부같이 죄를 씻고 만회할 기회가 전혀 주어지지 않기 때문에 매순간 완벽을 기해야만 한다고 하였다.

이른바 칼뱅주의에서는 신앙과 윤리가 결합되었다. 베버가 '프로테스탄티즘의 윤리'라는 말을 쓴 것은 프로테스탄티즘의 종교적 가치가 이처럼 일상생활의 윤리와 결합되었기 때문이다. 종교적인 금욕주의가 수도원에서의 고행이 아닌 세속적인 직업활동에 적용되었다. 루터가 종교개혁의 성공을 위해 가톨릭과 적당히 타협하거나 모호하게 넘어간 부분들이 칼뱅에 이르러 체계적으로 정리되었다. 칼뱅주의는 루터파가 혀를 내두를 정도로 철저하게 가톨릭과 결별했다. 사실 금욕주의는 가톨릭뿐만 아니라 불교, 이슬람교, 힌두교 등 대부분의 종교에서 찾아볼 수 있는데, 세속적인 욕망을 억누름으로써 타락하고 더럽혀진 속세와 최대한 거리를 두고 고결한 신의 세계와 조금이라도 가까워지려는 태도라고 할 수 있다. 칼뱅주의는 원래 비세속적일 수밖에 없는 금욕주의를 속세로 끌고 나왔다. 베버의 이러한 금욕주의를 모순된 표현이긴 하지만 '세속적 금욕주의'라고 부를 수밖에 없었다.

칼뱅주의뿐만 아니라 다른 프로테스탄트 종파들에서도 금욕주의는 수도원 밖으로 나와 일상생활의 윤리 지침이 되었다. 베버는 세속적 금욕주의가 철저하게 행해진 정도로 보면 다른 종파들은 칼뱅주의에 미치지 못한다고 보았다. 예를 들어, '경건주의(Pietism)'라 불리는 종파의 경우 칼뱅주의와 마찬가지로 예정설을 받아들이긴 했지만 가톨릭의 전통을 어느 정도 유지하면서 현세에서도 신의 축복을 받은 기분, 숭고하고 아름다운 감정을 느끼고 싶어 했다. 내세의 구원을 위해 현세에서의 쾌락을 포기하고 금욕적인 생활에 몰두한 칼뱅주의자들에 비해서 경건주의자들은 현세에서도 나름의 즐거움을 얻기를 바랐다.

영국과 미국에서 발달한 '감리교(Methodism)' 역시 칼뱅주의만큼 철저하지 못했고 경건주의와 마찬가지로 종교적인 감정을 중시했다. 신의 뜻을 인간이 깨닫거나 느끼는 것은 불가능하다고 단언한 칼뱅주의와 달리 경건주의나 감리교에서는 신앙심이 깊은 신도가 자신이 선택되었다고 느꼈다면 구원을 확신할 만하다고 여겼다. 또한 선행을 통해 은총을 받을 수 있는 여지도 어느 정도 남겨 두었다. '침례교(Baptist)'는 교회라기보다는 종교적 공동체라고 할 만한 종파였는데, 경건주의나 감리교에 비해서 엄격하게 교리를 적용하는 편이었다. 침례교 역시 칼뱅주의와 마찬가지로 인간이 하나님에게 구원받기 위해 할 수 있는 일은 아무것도 없다고 보았다. 지나치게 종교적으로 순수해지려고 노력했기에, 생활을 유지하는데 꼭 필요한 것 이상으로는 재산을 아예 가지려고 하지 않았다. 탈세속적인 삶을 추구했기에 무기를 사용해서도 안 되고 관직에 진출할 수도 없었다.

가톨릭이 장악하고 있던 중세에 금욕주의는 수도원 안에 갇혀 있었다. 칼뱅주의, 경건주의(Pietism), 감리교(Methodism), 침례교(Baptist) 같은 프로테스탄트, 이른바 개신교 종파들은 금욕주의를 수도원 밖의 세상으로 끌고 나왔다. 자본주의 정신과 관련하여 칼뱅주의를 특별히 주목해야 한다고 생각한 베버에 따르면 칼뱅주의는 예정설이라는 내세와 관련된 사상을 내세워 현세에서 사람들이 어떻게 살아야 하는지에 대한 윤리 지침을 가장 체계적으로 만들었다. 베버는 이처럼 수도원 밖으로 나온 세속적 금욕주의가 어떤 결과를 낳게 되었는지 계속 추적했다[4]. 프로테스탄티즘의 세속적 금욕주의는 근검절약을 통해 재산을 모으고 모은 재산을 사업에 재투자하게 하는 정신적 힘이 되었지만, 이미 세상에 견고하게 뿌리를 내린 자본주의는 더 이상 그런 정신적 힘을 필요로 하지 않는다. 자본주의 정신은 자본주의 초기에만 잠깐 존재했다. 자본주의가 세계의 질서로 자리 잡고 모든 사람이 반드시 따라야 할 법칙이 된 후에는 그러한 정신을 굳이 필요하지 않게 되었다[5].

베버 명제를 잘못 이해한 사람은 지금도 자본주의 정신이 필

---

4 김성은(2011), 앞의 책, pp.153~157.
5 위의 책, pp.191~193.

요하다고 주장한다. 후진국의 경제 성장을 위해서 자본주의 정신을 가르쳐야 한다고 강변하기도 한다. 한국 사회에 대해서도 아직 천민자본주의 수준에서 벗어나지 못했다면서 금욕주의에 기반을 둔 자본주의 정신을 가져야 한다고 부르짖기도 한다. 베버는 이제 직업 의무는 어떤 정신에 따른 것이 아니라 강제적으로 들어가게 된 강철 상자같은 것이라고 얘기한다. 베버는 자본주의의 비인간성을 알아차렸고 냉정하게 계산적인 현대사회의 문제점을 정확하게 묘사했다. 베버는 자본주의 정신이 사라지고 금욕이 금전욕으로 바뀐 현실에 대해서는 길게 얘기하지 않는다. 그의 연구 목표는 오로지 서구 근대 자본주의의 원동력이 된 독특한 정신, 즉 자본주의 정신이 어떻게 등장했는지 살피는 것이었기 때문이다. 베버가 자본주의 사회에 대해 갖는 염려는 사회주의 같은 새로운 체제로 극복될 수 있는 것이 아니다. 그는 계속된 합리화로 인해 전통적인 가치와 이상을 의심하게 된 현대인들이 정신적인 방황을 겪을 것이라고 염려했다.

한편, 자본주의 정신에 대한 논쟁이 자본과 노동의 논쟁으로 바꾼 이는 마르크스(Marx, Karl)이다. 마르크스는 노동, 자본, 그리고 토지(땅)이 강조되는 자본주의 경제 시스템에서는 세 가지 주요 생산요소, 즉 이러한 생산요소들 중에서 노동(Labor)은 일반적으로 노동자 혹은 인간의 노동을 의미하며 노동자들이 생산 과정에서 물리적이고 지적인 노력을 기울이며, 제품과 서비스의 생산에 참여하고 노동은 노동자의 기술, 경험 및 노동시장의 상황에 따라 가치가 변할 수 있다[6]고 하였다. 노동, 자본, 토지의 생산요소들은 자본주의 경제에서 자원 할당과 생산 활동에 관련하여 상호 작용하며, 경제 성장과 번영에 영향을 미치고 노동자들은 노동 시장에서 고용되어 생산에 참여하고 임금을 받게 된다. 자본주의 경제 시스템에서 이러한 생산요소들은 시장 경제의 핵심 요소 중 하나로 작용하며, 경제 주체들은 이러한 요소들을 효율적으로 할당하고 최대한 활용하기 위해 노력하게 된다.

이러한 명제에 대하여 이미 아담 스미스가 설파하였다. 스미스는 금과 은같은 귀금속이 부라는 관점을 비판하고 타인의 재화를 구매할 수 있기 때문에 화폐가 가치있는 것이며 타인의 재화는 타인의 노동의 산물이므로 부란 곧 타인의 노동에 대한 지배력이다. 자본주의 경제에서 생산물의 대부분은 시장에서 상품으로 교환되므로 상품의 교환가치가 그 상품의 생산에 투하된 노동량과 동일하다는 노동가치설(labor theory of value)을 주장한 것이다. 이러한 견해에 명확하게 반기를 든 이가 칼 마르크스이다. 노동은 고통이며 이를 이겨내는 과정이 구원이라고 한 기독교의 논리와 달리 노동은 인간의 신성한 가치이며 노동이야말로 참된 인간성을 실현하는 수단이라고 하며 자본과 기술을 가진 이가 노동을 착취하는 일은 타파되어야 한다고 하였다. 마

---

6 자본(Capital)은 생산에 사용되는 도구, 기계, 장비, 자금 등의 생산요소를 가리킨다. 이러한 자본은 노동자들의 생산성을 향상시키고 생산량을 증가시키는 데 중요한 역할을 한다. 자본은 물적 자본(물리적 자산)과 금융 자본(자금, 투자 등)으로 나눌 수 있다. 토지(Land)는 자연자원 및 생산에 필요한 물리적 공간을 나타내며 이것은 농경, 채광, 건설 등 다양한 경제 활동에서 중요한 역할을 한다. 토지는 한정된 자원이며, 그 가치는 위치, 용도 및 수요에 따라 다르다.

르크스는 노동은 신성한 가치이므로 노동을 착취하고 노동자를 노예화한 자본가를 타도하여 자신이 필요로 한 만큼 생산하고 소비하는 이상사회를 주창하였다.

"너는 이마에 땀을 흘려야 먹을 것을 찾으리라! 여호와가 아담에게 내린 저주였다. 그리하여 아담 스미스는 노동을 저주라고 생각한다. 스미스에게는 '안식'은 심신에 적합한 상태이고 '자유' 및 '행복'과 동일한 것으로 나타난다. 개인은 그의 건강·체력·혈기의 보통 상태에서는, 그리고 숙련·기교의 보통 정도에서는 안식의 중단과 정상적인 양의 노동을 원한다는 것을 스미스는 전혀 생각하지 못하고 있다. 물론 노동의 양 그것은 달성해야 할 목적과, 이 목적의 달성을 위해 노동에 의해 극복되어야 할 여러 가지 장애에 의해 외부적으로 결정될 것이다. 그러나 이런 장애의 극복 그 자체가 자유의 실증이라는 것, 그리고 더욱이 외부의 목적이 노동에 의해 단순한 외부의 자연필연성이라는 외관을 버리고 개인 자신이 처음 제기한 목적으로 상정된다는 것, 이리하여 이 목적이 주체의 자기실현과 대상화로서, 나아가 현실적 자유로서 규정되고, 이 현실적 자유의 행동이 바로 노동이라는 것—이런 것들을 스미스는 전혀 모르고 있다."[7]

---

7 김수행 옮김(2012), pp.19~20. Marx Engels Collected Works Vol.28, pp.529~530; Marx Engels Gesamtausgabe, Ⅱ 1,2, p.499을 번역한 것을 인용한 것임.

현실적 자유의 행동이 노동이라는 이러한 마르크스의 주장은 노동을 착취하는 자본가 계급의 타파 근거가 된 것이다. 자신의 쾌락을 억제해야 하는 자본주의 정신과 달리 자본주의 경제는 과잉생산과 소비를 거치는 공황이 나타나게 되므로 경기변동의 악순환을 겪게 된다. 이에 자신이 필요로 하는 만큼 소비하고 생산하는 노동자계급의 공산주의 사회가 출현하게 되었다. 인간노동의 신성한 가치를 중요시하는 평등사회가 자본주의 사회의 불평등을 적대시하게 되었다.

노동과 종교와의 관계를 부정적으로 설파한 마르크스와 달리 네덜란드 경우 개신교 교회와 상업 활동은 밀접한 관련성을 가져 다양한 상인과 기업가들은 종교적 가치와 도덕적 원칙을 자신의 비즈니스 실천에 반영하여 개신교의 노동 윤리는 근면, 절제, 도덕성을 중시하여 경제 활동과 상업 성과에 긍정적인 영향을 미쳤다고 주장하였다. 개신교 즉, 프로테스탄티즘과 자본주의 발흥과의 긍정적 관계가 네덜란드에서 입증되었다. 17세기 이후 네덜란드에서의 개신교와 자본주의의 발전은 현대 자본주의와 종교적 자유의 중요한 사례이다. 네덜란드는 17세기에 종교적 자유와 관용을 수용한 국가로 알려져 있다. 다양한 개신교 분파와 종교적 이주자들에게 안전한 토대를 제공하였고 장로교, 감리교, 회개주의 등 다양한 개신교 분파가 번성했던 장소 중 하나였으며, 종교적 다양성은 상업적 발전을 도왔다. 근접성, 개방적인 시장 등 여러 경제적 이점을 갖고 있었던 네덜란드는 주식회사 시스템의 선두주자였으며, 이것은 자본주의 경제의 중요한 특징 중 하나인 주식 시장의 초기 형태를 형성하였다. 특히 이것은 네덜란드의 경제 성장에 기여한 측면 중 하나이다. 네덜란드에서의 개신교와 자본주의의 발전은 종교적 자유와 경제적 번영을 조합한 특별한 사례로서 다양한 종교적 그룹과 상업 활동이 조화를 이루며 번영할 수 있는 환경을 제공한 국가 중 하나로 꼽히며, 이러한 요소들은 현대 자본주의 체제의 조기 형태를 형성하는 데 기여하였다.

2) 기업가 정신

18세기와 19세기의 산업 혁명은 자본주의의 중요한 발전 단계였다. 새로운 기술과 생산 방법의 도입은 생산성을 향상시켰으며, 자본가들은 생산 수단을 보유하고 노동력을 고용하여 이익을 얻기 시작하였다. 이른바 자유 시장 경제 체제가 확립되어 아담 스미스의 『국부론』과 같은 경제 이론이 등장하여 자유 시장 경제의 개념을 강조하였다. 이것은 정부의 개입을 최소화하고 개인의 경제 활동과 선택을 보장하는 아이디어로, 이는 자본주의 정신의 핵심으로 자리 잡았다. 자본주의는 단순히 경제적인 개념을 넘어서 사회 구조에도 큰 영향을 미쳤고, 자본가와 노동자 간의 계급 구조가 형성되었으며, 사회적 불평등이 증가하면서 개인주의와 경쟁을 강조하는 문화와 가치를 형성하면서 19세기 말에서 20세기 초, 자본주의는 유럽과 북미를 넘어 국제적으로 확산되었다.

이러한 전개 과정에서 금융 시스템의 발전과 기업의 규모가 증가하였으며, 국제 무역과 금융 시장이 급격히 성장하였고 20세기에 들어서면서 자본주의는 다양한 형태와 변형을 겪었다. 정부 개입, 사회 복지 프로그램, 규제와 경제 정책 등이 도입되어 자본주의가 보다 더 현대적인 형태로 발전하였다. 자본주의 정신에는 이윤추구, 시장경제, 자유기업, 사유재산권의 핵심 개념을 포함하게 되었으며 이 중에서 기업가의 역할이 중요하다. 자본주의가 이윤을 추구하는 체제가 되면서 기업가 및 개인들이 수익을 극대화하려는 경향이 있고 이로 인해 경제 활동이 확장되고 경쟁이 촉진되며 시장 경제가 자리잡아 자유 경쟁과 공급과 수요에 의한 가격 형성이 이루어지게 된다. 소비자의 선택과 기업의 경쟁을 중시하게 되어 개인 및 기업은 경쟁적인 시장에서 자신의 아이디어와 노력을 통해 이익 창출의 권리와 책임을 지게 된다. 자본주의는 사유재산권 보호, 개인 및 기업의 자산 소유 및 이를 다루는 권리를 강조하게 된다. 기업가의 역할이 중요하게 된 자본주의 발전 단계에서 기업가의 역할은 다양하며 기술혁신이나 공장생산 및 대규모 생산단계, 인프라개발 단계에서 역할이 지대해진다. 노동력도 중요한데 이주나 노동쟁의 같은 일이 자본주의 단계에 따라 달라지게 된다.

자본주의를 중심으로 한 경제활동은 1단계 농업과 수공업 단계, 농업과 수공업이 주요 생산 활동이었으며 대부분의 사람들이 농지에서 농작물을 재배하거나 수공업을 통해 제품을 생산하는 단계이다. 2단계 상업과 무역의 단계. 상업활동은 농산물, 수공제품 등을 다른 지역이나 국가와 교역하는 데 기반을 두며 이로써 새로운 아이디어와 품목이 도입되었고, 시장이 확장된다. 3단계 기술 혁신 단계, 기술 혁신은 산업화로의 핵심이다. 새로운 발명과 기술적 개선이 무역과 생산 과정을 효율화하며 산업화의 핵심은 기계화와 자동화에 기반한 제조업의 개선이다. 4단계 공장 생산과 대규모 생산단계, 기술 혁신은 공장 생산과 대규모 생산을 가능하게 하여 이로써 제품 생산량이 대폭 증가, 생산 비용이 감소하게 된다. 5단계 인프라 개발단계, 산업화를 지원하기 위해 교통, 통신, 에너지 인프라가 개발되며, 철도, 도로, 전기 공급 등이 개선되어 생산 및 유통에 필요한 조건이 제공된다. 농촌에서 도시로의 노동력 이동이 일어나 공장과 공업 지역에서 일자리를 찾기 위해 수많은 사람들이 도시로 이주하는 도시화가 나타나게 된다. 6단계 금융 시스템의 발전의 단계, 금융 시스템은 투자와 자금 확보를 지원하며 은행, 주식 시장, 보험 등이 발전하였고, 자본을 조달하는 데 도움을 주게된다. 7단계 산업 분야의 다변화 단계, 다양한 산업 분야에서 산업화가 발생, 철강, 석유, 화학, 전자 등 다양한 분야에서 제조업이 확장된다. 8단계 규모의 경제와 경쟁 단계, 대규모 생산은 제품 가격을 낮추고 경쟁을 촉진, 이는 소비자에게 저렴한 제품을 제공하고 시장을 확장시키는 단계에 이르게 된다. 각 단계에서 정부는 산업화를 촉진하기 위해 보호무역 정책, 인프라 투자, 교육 개선 등 다양한 정책을 시행하게 된다. 특히 단계마다 기업가들이 등장하여 국가나 지역의 경제를 혁신하고 성장시키는 핵심 과정으로 수많은 국가와 지역에서 경제적 번영을 실현하는 데 중요한 역할을 하게 된다.

강화 직물산업의 경우 김동식(1877~1938) 등이 선도적인 기업가로 등장하였다. 하점면 신봉리 출생인 김동식은 완초화문석 가구들의 화연직물조합을 결성하여 직물산업의 단초를 마련하였다. 1910년대에는 개량직기에 눈을 떠 본인이 직접 개량직기를 창시하여 보급함으로써 근대적 직물산업을 발전시키는 계기를 마련하였다. 첫번째 아내인 보창학교 수학생인 제주 고씨 처족 고성근과 함께 1923년 강화직물조합을 결성, 1924년 일본 오사카의 「제국제마주식회사」로부터 마사를 공급받아 위탁직조, 인조견업과 함께 마직물 산업의 한 축을 형성하였다[8]. 하점면의 이용화가 1920년 관청리에 중앙염직소를 열거나 이동승이 하점면에 봉상공동준비 공장 신축 등을 하였다. 전기가설을 시도한 황우천 등이 1931년의 산업조합령에 따라 일종의 금융업인 강화산업조합을 설치하여 인조직물 생산에 주력하고 생산량에 있어 강화의 인견수직포가 1위 마저포가 2위를 차지하게 되었다. 이를 기반으로 1937년 홍재묵, 홍재룡이 당시 거액인 50만원 투자한 조양인견직 설립이 설립되고, 강화의 이러한 명성은 1947년 김재소의 심도직물 설립으로 이어져 1960년대의 한국 직물산업의 메카를 이루어내게 되었다. 자본주의 초기 단계는 다음과 같이 강화에서 세분되어 나타났다.

---

8 『제국제마주식회사30년사』, 1937. 일본은 홋카이도에 러시아인의 권유에 따라 아마를 시험 재배하면서 개량하여 직물산업을 발전시켰다. 만주침략 이후 대공황을 극복하기 위하여 조선 등지에 아마포 위탁직조를 의뢰하였다. 일본 도쿄의 '제국제마주식회사' 건물은 박물관으로 남아있다.

• 1단계

1873년(추정) 하점면 양오리 한충교, 양사면 철산리 김신행 등이
완초화문석 창시, 강화화연 설립.

1896년 김동식 등 하점화연직물조합 설립.

1907년 하점면 김동식 신봉리 봉명(鳳鳴)학교 설립.

• 2단계

1910년대 하점면 이동승, 한봉수, 송해면 허 모 등이 개량직기
사용.

1916년 김동식의 직기 개량, 개량직기의 보급 장려, 품질개량,
제품통일을 목표로 정혜채와 함께 직물조합설립, 김동식
직물조합장 하점면 청화학교 합병인수.

• 3단계

1918년 송순석 중앙모범직물공장 설립시도.

1920년 이용화(경성중앙학교 졸업) 하점면 삼거리 출신으로
관청리에 중앙염직소 설립 50명 근무(수직기, 문직기,
족답기).

1921년 강화직물연화조합 설치.

1923년 강화직물연화조합 폐지, 직물조합(고성근, 김동식 대
표)에 의한 직물검사 실행.

1924년 이동승이 하점면에 봉상공동준비 공장 신축.

[그림 5] 김동식(1877~1938)의 송덕비(출처: 필자 촬영, 2023.11.9.)
청풍 김씨 23세손인 김동식은 하점면 신봉리 입향조 13세손 흥운의 자손이다. 흥운은
병장호란에 참전하여 효종 1656년에 강화로 이거한 후. 19세손인 원묵이 1805년 무과급제,
오위장군을 역임하였다. 김동식은 제주 고씨와 사별한 후 평해 황씨와 결혼 한 후 아들
4명을 두어 오늘에 이른다. 위치: 하점면 신봉리 산 3. 자료: 『청풍김씨경인세보(2010)』

- • 4단계

1924년   김동식이 오사카「제국제마주식회사」로부터 마사를
          공급받아 위탁직조, 일본인 長野直市郞과 정혜채 기
          사가 시험직조한 결과 양호.

1928년   공동작업장을 하점면 신봉리에 신축.

1931년   산업조합령 발표에 따라 강화산업조합 설치(1962년까
          지 존속). (조합장 황우천, 감사 이원찬 김현식 서봉준
          등), 강화의 인견수직포가 1위 마저포 2위 생산량.

[그림 6] 황우천(1894~1953)의 기념비(출처: 필자 촬영, 2023.11.9.)
창원 황씨 황우천은 멀리 황현신의 자손이며 하점면의 대지주 황정희를 조부, 황덕주를
부친으로 하며 황우형을 종형으로 한다. 그는 하점면 부근리에서 출생하여 경성중앙학
교, 일본 게이오대학을 수학한 후 1933년 강화산업조합을 설립하였다. 강화여자중학교
를 설립하고 강화향교장을 지냈다. 위치: 하점면 부근리 485-2.

• 5단계

1934년   경성전기가 군내면 신곡리에 배전설비.

1937년   황우천·김현식·한상옥 등의 노력으로 하점면 신봉리
         에 전등가설, 우편소, 주재소 설치.

1937년   조양인견직 설립(홍재묵, 홍재룡이 50만원 투자). 마
         직물이 양복지에 적합 판정.

1944년   강화직물도매조합 설립.

1946년   평양출신 김재소 삼도직물 설립.

　강화의 주요 기업가인 김동식에 대하여 당시의 문헌에 '사람 됨이 훌륭하고 고매하며 변화에 대응하여 대책을 세워 시무에 밝았다. 실업계에 헌신한 이래 20년간 옷감짜는 북소리가 남북 마을에 두루 미치게 하였다'고 기업가로서의 면모를 밝히고 있다. 그의 처족인 고성근은 '제주인으로 사람됨이 신중강건하고 시무에 밝아 일찍이 교육과 실업이 발전하지 못하였음을 근심하였다'고 한다. 1938년 건립된 김동식의 송덕비에는 '생전에 직물을 일으킨 원조이시며 교육의 선사로 돌아가신 후에도 더욱 생각나네 일편단심 한마음으로 우리 면을 번창케 했으니 많은 사람 사람들이 이구동성으로 모범이 되는 분이라 하네(織物元祖 生前遺業 敎育先師 一片鑴頑 萬口同辭)'라고 그의 기업가 정신을 기록해두고 있다. 황우천에 대해서는 공익을 위하고 생활고를 겪는 군민들의 생활을 개선시키기 위하여 직물업발전에 힘쓴 공로를 후대에 전하기 위하여 경기도강화산업조합원이 세운다고 기념비에 적어두고 있다.

3. 갑오개혁과 일제강점기 자본주의 제도의 도입

　구한말 강화의 자본주의로의 발전은 제도적인 정비와 함께 진행되었다. 갑오개혁(1894~1896)때 공포한 「토지조정령(土地調整令)」이 그것으로 토지의 사유재산권 확립을 이루어지게 하였다. 즉 대한제국 내에서 토지 소유와 관련된 주요 제도를 개혁하고 재정비하는 데 중요한 역할을 하였다. 전국적인 차원에서 이루어진 토지조정령은 공유지나 전통적인 지주권 관행을 개선하여 개인이나 단체가 토지를 소유하고 거래할 수 있게 하였다. 이 법령에는 토지의 소유자를 명확히 식별하기 위한 토지 등기제를 도입하였다. 이것은 토지 소유자의 재산권을 보호하고 거래를 투명하게 만들기 위한 중요한 요소였다. 또한 「토지조정령」은 토지 소유와 사용에 관한 분쟁을 조정하기 위한 제도를 마련하였다. 토지의 합리적인 사용과 분배를 지원하고 토지 소유자 간의 갈등을 해결하기 위한 노력이 이루어졌다. 무엇보다도 「토지조정령」은 토지 소유자로부터 땅세를 징수하는 제도를 도입, 정부가 국고를 충당하고 지방 자치제를 지원하기 위한 수입원으로 사용하였다. 사적 소유권과 사유재산은 왕토사상에도 불구하고 이미 조선 중반부터 경작지와 대지 등에 대한 사적 소유권이 널리 확산되었는데[9] 「토지조정령」에 의하여 대한제국 내에서 토지 소유와 사용에 대한 구조적인 개혁이 이루어졌다. 이는 자본주의 경제 체제를 확립하고 국가의 경제적 발전을 촉진하는데 중요한 역할을 하였다.

자본주의 제도를 완비하기 위한 노력에도 불구하고 대한제국은 1905년 을사늑약에 의하여 몰락하고 일본의 조선총독부의 지배를 받게 되면서 일본 중심의 자본주의의 발전 단계를 걷게 되었다. 일본은 1912년 「조선민사령」, 1918년 토지조사사업 완료 등을

9 황병주(2021).

공포하면서 토지를 비롯한 주요 자산의 사적 소유권이 법적, 제도적으로 확립되었다. 「조선민사령」은 일본이 설치, 개칭한 1908년 법전조사국의 『관습조사보고서(慣習調査報告書)』에 따른 것인데 동보고서는 1편 민법(民法) 1장 총칙(總則) 2장 물권(物權) 3장 책권(債權) 4장 친족(親族) 5장 상속(相續), 2편 상법(商法) 1장 총칙(總則) 2장 회사(會社) 3장 상행위(商行爲) 4장 수형(手形) 5장 해상(海商) 등으로 구성되었다. 『관습조사보고서』의 내용은 상당 부분 일본의 민법 습관과 동일시하는 문제가 있었으며 이를 서둘러 조사 발표한 이유는 일본인의 조선에서의 토지 및 가옥 취득과 관련이 있었다[10]. 특히 구한말 식민권력에 의한 소작과 관련한 농정은 메이지기 근대 일본에서 만들어진 '소작'(小作, 코사쿠) 개념을 강제적으로 조선에 이식하면서 이 개념의 범주에 기초하여 기존의 토지관습을 분류, 조사, 기입(inscription) 하도록 하였다.

　이 과정에서 조선 전통사회의 여러 이질적인 토지임차 관련 권리들이 '소작'이라는 개념으로 단일하게 포착되어 '균질화'되었다. 전통사회에서 분할소유권의 성격을 지녔던 권리, 또는 계속 성장해오던 경작자의 권리는 식민국가의 입법과 조사의 실천에 의해 부정되거나 박탈되었다. 이들의 권리는 식민지배자(colonizer)가 강제한 '소작' 개념에 의하여 단순한 채권적 토지임차나 『명치민법(明治民法)』(1898)에서 설정한 영소작으로 약체화되었다[11].

10　李丙洙(1994), p.65.

또한 일제강점기 1910년에 제정되어 1912년에 발포된 「토지조사령」은 대한제국 내의 땅을 일본 정부가 조직화하고 통제하는 것을 목적으로 제정되었다. 일본 위주의 자본주의 요소와 법령이었다. 이를 통해 일본 자본가들은 대규모 토지를 소유하게 되었고, 지배적인 지적제도를 만들어 농민들의 토지 소유권을 제한하였다. 재산세과 관련해서는 1910년에 공포된 법률 30호 제1, 2조에 의한 회사의 「등록세제령」 9호[그림 7]와 동 법률 「국세징수제령」 14호[그림 8]에 의하여 대한제국 내의 부동산과 개인재산을 일본 정부가 과세하는 데 사용하였다[12]. 부동산과 개인재산의 소유자는 세금을 내야 했고, 이는 한국인 소유자들이 일본 정부에 수익을 제공하는 수단 중 하나였다. [그림 7]과 [그림 8]을 보면 1911년(메이지 44) 조선총독 백작 데라우찌 마사다게의 이름으로 법률 제33호 제1조, 2조에 의하여 제령 9호와 14호가 공포되었음을 알 수 있다.

1913년에는 산업재산권을 보호하고 관리하기 위한 목적으로 도입되었는데 산업재산권은 특허, 상표, 디자인 등을 포함하며, 주로 일본 자본가들에게 부여하고 보호했다. 1910년에 공포된 「조선회사령」에는 조선을 일본공업에 대한 원료 공급지요 상품판매지로 개발한다는 목적이 명시되었다[13]. 또한 1918년 5월 1일에 제정된 「조선임야령(朝鮮林野令)」은 「토지조사령」과 함께 지반

11 김인수(2017).
12 1911년 명치 44년 당시 등록세는 5원이었다.
13 조기준(1983), p.70.

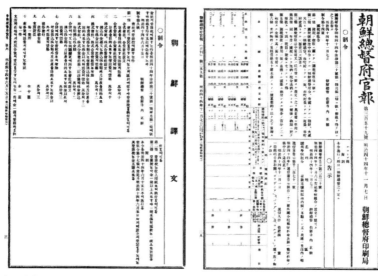

[그림 7]
조선총독부 관보에 게재된 회사 등록세 기사   조선총독부 관보에 게재된 국세 기사
(출처: 국립중앙도서관 조선총독부관보 검색 사이트)

[그림 8]

을 측정하고 그 지목을 정하여 1구역마다 지번을 부여하였다. 토
지소유권이 근대적인 지적제도에 의하여 최종 확립되었다. 일본
은 대한제국 내에서 이 법령에 따라 산업 시설을 확장하고 광산을
개발하여 자본주의 경제 시스템을 구축, 광산과 공장을 통해 자
본주의적인 생산체제를 확립하였다.

　일본은 조선의 노동력을 적극적으로 활용하기 위해 「근로자
관리령」을 도입하였다. 근로자들이 효율적으로 관리되고 감독되
었을 뿐 아니라 노동자들의 권리가 제한되었고, 노동조합과 파업
이 금지되었다. 「자본금축소령(資本金縮小令)」(1938)을 제정하여
한국의 금융기관과 기업이 일본의 자본가들에게 흡수되도록 하고

조선기업의 자본금이 축소되면서 일본 자본가들의 통제 아래 놓이게 되었다. 일본은 공·사교육 제도를 통해 자본주의 이념과 일본의 문화와 가치관을 홍보하려고 노력하였다. 일본의 통제 아래 학교 교육과 언론은 조선의 주민들을 일본의 이념으로 동화시켰다. 한때 조선미 대량생산주의를 주창하였지만 일본의 농업공황에 따라 조선미 이출을 가능한 저지하기 위한 방책으로, 「조선곡물검사령(朝鮮穀物檢查令)」(1932.9.24, 제령2호)과 「조선곡물검사령시행규칙(朝鮮穀物檢查令施行規則)」(1932.9.24, 부령91호)을 발포하면서 1932년 10월 1일부터 곡물의 국영검사(國營檢查)를 실시하게 되었다. 한국 쌀의 질을 향상시켜 일본시장에서 고가로 거래될 수 있게 한다는 명목이었다. 특히 「소작조정령(小作調整令)」과 「농지령(農地令)」이 실시된 이후 극단적 쟁의 송사가 빈번하였으며, 1933년에는 정점을 이루었다. 당시 농촌 인구의 대부분이 참담한 소작생활을 하였으며, 소작농의 확대재생산은 농민 개개인의 생활을 더욱 악화시키는 촉매제 역할을 하였다.

대한제국 내에서 자본주의 경제 시스템이 구축되어 갔음에도 불구하고 일본의 경제적 통제와 지배를 받는 일본 위주의 정책과 법령으로 대체되어 조선의 주민들은 경제적 자유와 권리가 심각하게 제한되었다. 기업들을 통합하고 일본 정부의 통제 아래에 두기 위해 도입된 「재벌기업 통제 및 합리화 조치령(財閥企業 統制 및 合理化措置令)」(1939)은 대한제국 내에서 조직화된 대기업인 재벌마져 일본의 경제적 이익에 봉사할 수 있도록 하였다. 일본의 이익을 극대화하기 위한 시장과 거래세 부과가 부과

되면서 다양한 영역의 국유·국영을 통해 공산(公産)의 제도화를 추구하였던 조선총독부는 소유보다는 노동을 중시하는 공산주의(共産主義)와의 헤게모니 경쟁이 피치 못하게 되었다. 이에 조선은 물산장려운동이 일어났고 공산(共産)에 맞서 물산을 제시하는 도발적 전략이었다. 마르크스에 의해 '인민의 아편'으로 지목된 기독교 세력으로부터 촉발된 서북 기독교 및 유산집단의 물산장려운동은 3년 여 시차를 두고 경성으로 확산되어 중앙의 유산계급으로 이어졌다[14].

---

14 황병주(2021)는 「1920년대 초반 소유 개념과 사유재산 담론」이라고 하는 논문에서 "더 많은 물질적 재화, 더 높은 생산력에 대한 욕망의 정치가 좌우를 넘나들며 작동하기 시작하였다"고 하였다.

Ⅲ
강화양명학과 자본주의 정신

1. 유교와 양명학

　자본주의 정신은 노동과 자본 및 양자의 관계에 관한 것이다. 전근대사회에서 노동의 강조와 직업에 관한 윤리는 유교 경전이 많이 언급하고 있다. 서경에 "하늘의 일을 사람이 대신하는 것이다(天工人基代地)"라고 하며 자신이 하는 일을 하늘이 맡긴 천직으로 알고 열과 성을 다해 임하라고 하였으며, 논어에는 "공자가 말하기를 하루 종일 배불리 먹기만 하고 아무 마음 쓰는 것 없이 빈둥거리면 정말 딱한 일이다(陽貨17-22 子曰 飽食終日 無所用心 難矣哉 不有博奕者乎 爲之猶賢乎已[1])", "공자가 백성들이 많구나 말하자 염유가 묻기를 백성이 많으면 무엇을 하여야 하나요 하자 공자는 부유하게 하여야 한다고 답하였고 또 다시 이미 부유하게 되었으면 또 무엇을 더 하여야 하는지 묻자 가르쳐야 한다

1　『論語集註』(成百曉 譯註), p.506.

고 대답하였다(子路 13-9 子曰 庶矣哉 冉有曰 旣庶矣 又何可焉 曰富之 曰旣富矣 又何加焉 曰敎之[2])", "공자가 위나라의 공자 형를 평하기를 소유가 생기면 그런대로 모아졌다고 하고 조금 모이면 충분하다고 하고 부유하면 아름답다고 한다(子路 13-8 子謂衛公子荊 善居室 始有 曰苟合矣 少有 曰苟完矣 富有 曰 苟美矣[3])"라고 노동과 부에 관하여 언급하고 있다. "가난하면 원망이 없기는 어렵고 부유하면 교만하지 않기는 쉽다(憲問14-11 子曰 貧而無怨難 富而無驕易[4])"라고 하였으며,"자하가 말하기를 노동자는 일터에서 그 일을 이루고. 군자는 학문으로서 도를 이룬다(子張19-7 子夏曰 百工 居肆 以成其事 君子學 以致其道[5])" 등에서 노동을 강조한 자본주의 정신의 일면을 알 수 있다.

이러한 초기 원시 유교 사상과 달리 주자학에 이르러 "격물치지(格物致知) 정성정심(靜成正心) 수신제가(修身齊家) 치국평천하(治國平天下)"라고 하여 노동의 가치와 수고에 대한 강조는 드물고 심학과 경세를 중요시하였다. 『논어』에는 "공자가 말하기를 구야 군자는 갖고 싶다고 말하지 않고 반드시 사양을 하며, 나는 들으니 나라를 소유하고 집을 소유한 자는 백성이 적음을 걱정하지 않고 고르지 못함을 근심하며 가난함을 근심하지 않고 편안하지 못함을 근심하며 고르면 가난함이 없고 화합하면 적음이 없고

---

2 『論語集註』(成百曉 譯註), pp.370~371.

3 『論語集註』(成百曉 譯註), pp.369~370.

4 『論語集註』(成百曉 譯註), p.398.

5 『論語集註』(成百曉 譯註), p.530.

[그림 9] 강화향교(출처: 구글이미지) 전통시대의 공립중등교육의 기능을 가진 향교는 설립 900여년의 역사를 가지며 공자, 그의 수제자 증자·맹자·안자·자사 4명, 제자 10철, 송조의 6현, 조선의 18현자의 위패를 두고 제사를 지내는 기능을 하였다.

편안하면 기울어짐이 없다(季氏 16-1 孔子曰 求 君子 疾夫舍曰欲之 而必爲之辭 丘也聞 有國有家者 不患寡而患不均 不患貧而患不安 蓋 均 無貧 和 無寡 安無傾[6])", "공자가 말하기를 사치하면 교만해지 고 검소하면 고루해지므로 교만해지기 보다는 고루한 편이 낫다 (術而7-35 子曰 奢則不孫 儉則固 與其不孫也 寧固[7])", "공자가 말하 기를 거친 밥을 먹고 물마시고 팔을 구부려 벼개를 삼더라도 즐거 움이 또한 그 안에 있으니 의롭지 못하고서 부하고 귀함은 나에게 뜬 구름과 같다(術而7-15 子曰 飯疏食飲水 曲肱而枕之 樂亦在其中

6   『論語集註』(成百曉 譯註), pp.467~468.
7   『論語集註』(成百曉 譯註), p.217.

矣 不義而富且貴 於我如浮雲[8])"한 말은 그러하다. 이러한 공자의 가르침은 공립중등교육기관인 향교나 서원에서 반복적으로 이루어졌으며 성현이라고 이름하는 이에게 제사를 지내면서 이들이 학생들의 정신세계에 모범으로 다루어졌다.[그림 9]

조선 사상계의 주류는 주자학 일색이었고, 조선 후기에 와 실학이 병폐로 흐른 주자학을 비판하고 나왔다고 하지만 조선 후기의 사상계는 유불도의 사상이 조화한다거나 각축한다거나 하는 활발한 양상을 보이지는 않았다. 17세기 인조반정과 병자호란을 거치면서 사대부 질서가 재편되고 서인 가운데 노론이 주장하는 절의와 명분이 주도적 사상관념으로 고착화될 때, 그 편협성에 저항하는 여러 조류의 사상이 형성되었다. 그 새로운 학풍을 실사구시 학풍이라고 규정할 수 있다. 다시 말해 성리학을 연구하고 실천하는 사상조류가 영남학파와 기호학파로 양분되면서, 성리학적 이론의 상대화가 일어났으며 17세기에 예송(禮訟)논쟁이 격화되고 도학 내부의 분파적 대립이 심각해짐으로써 도학은 사회적 통합기능을 잃어 성리학의 쟁론은 더욱 관념적 천착에 치우치게 되었다. 의리론이 배타적 명분론으로 굳어져 갔다.

이에 실사구시가 큰 역할은 못하였지만 변혁의 시도가 일어났다. 이수광(李晬光)은 서학을 포함한 포괄적 인식을 백과전서식 저술로 담아내었으며, 박세당(朴世堂)과 윤휴(尹鑴)는 경전

---

8 『論語集註』(成百曉 譯註), p.201.

해석에서 주희(朱熹)의 주석을 비판하였고, 유형원(柳馨遠)은 사회제도의 개혁방안을 구체적으로 논하여 실학의 갈래를 열었다. 같은 시기에 정제두(鄭齊斗)는 왕수인의 사상, 곧 양명학을 독특하게 해석하고 경기도 안산에서 강론하였다. 그는 도학과 심학의 흐름을 심학의 입장에서 종합하고자 하였는데, 그 내용은 결국 도학 정통주의의 사상풍토에 도전적이었다. 중국의 학술은 정학·선학·단학의 여러 갈래와 정주학·육상학의 여러 문로가 있다고 장유(張維)가 설파하였다. 조선은 정주학 일색이라고 지적하고, 도학이 조선 학문을 구속하여 실견(實見)과 실득(實得)이 없게 만들었다고 비판한 바 있다. 정제두도 바로 그러한 현실 진단 위에 새 학문을 구축하였다. 곧 정제두의 학술과 사상은 안산 시절과 강화 이주 시절에 사우(師友) 간에 전승되어 하나의 학맥을 형성하였다. 물론 조선의 양명학은 정제두와 그 학맥 이외에도 여러 문인 학자들에 의하여도 다양한 방식으로 수용되고 전개되었다[9]. 양명학은 공리주의적인 실학과 취향을 달리하면서 인간의 내면을 중시하는 유심적 실학도 하나의 맥을 이루어 발전하였다.

정제두 이후로 양명학의 사상 경향을 주도한 인물은 대부분 강화에 거주하면서 강학하였거나 그것에 연원을 둔 이들이었다. 그들은 혈연으로 계승되어 학문적 연대를 같이 하였다. 주변에

9 　정인보(鄭寅普)는 1933년「동아일보」에 66회에 걸쳐 연재하였던「양명학연론(陽明學演論)」과「국학산고(國學散藁)」에서 개괄한 바 있다.

학자와 문인들을 포용한 인맥은 당색으로 보면 소론에 속한다. 즉, 연일 정씨의 정제두 가계, 전주 이씨 덕천군파(德泉君派) 가계, 평산 신씨 가계, 청송 심씨 심육(沈錥)과 그 후손, 풍산 홍씨 가계, 의령 남씨 남극관(南克寬)의 후손, 동래 정씨 가계가 중심을 이루었다. 정동유(鄭東愈)·유희(柳僖)·이종휘(李種徽)·황현(黃玹)도 이들과 밀접한 관계를 가졌다. 가계를 중심으로 학맥이 연결되는 것은 당론에 의하여 사대부층이 분화되었던 조선후기의 사회구조에서는 불가피한 일이었다. 중국의 양명학 조류와는 달리 조선적인 풍토를 배태하게 되었다.

정제두에 연원을 두고 강화와 일정한 관련을 가지면서 조선양명학을 강학하였던 학맥을 '강화학파'라 부르고 그들의 학문을 '강화학'이라 부른다. 즉 정인보의 고제(高弟)인 민영규(閔泳珪)는 1988년에 '강화학과 그 주변'이란 강의에서 그들의 학적 전승관계를 구체화하기 위하여 '강화학파'라는 용어를 사용하였다. 강화학의 인맥은 혈연으로 이어져 학문적 연대를 같이 하였으며 주변에 여러 학자와 문인을 포용하였다. 이들은 숙종 말과 영조 초에는 정계에 진출하여 정치적 이상을 실천하고자 하였으나 영조의 탕평정국에서 오히려 당화(黨禍)를 입어 정치권력에서 배제되었다. 일부 인사는 혹독한 가난을 겪고 서민과 다름없는 생활을 했고, 일부는 정조 연간의 탕평정국과 심지어 순조 연간의 노론 주도 정국에서도 정론을 실천하고자 하였다. 하지만 헌종 때에 이르러 비로소 정치 이념을 실천할 정치적 입지를 어느 정도 마련할 수 있게 되었으나, 기존 권력층의 집요한 견제를 받았다. 그 후 왕조의 국운이 쇠하게 되자 그들은 전통적인 이념과 사상을 바탕으로 서양의 신기술을 수용하였다. 이어서 독자적인 문명을 수립하고자 하는 보수적 개혁론을 주장하였다. 일부는 만주로 망명하여 국가 주권의 회복을 기대하는가 하면, 일부는 국내에 남아서 국학 연구에 몰두하고 민족 자존심을 고취시키는 운동을 전개하였다.

따라서 강화학은 양명학의 정신을 수용하였지만 양명학과는 다르다. 중국의 양명학이 서민대중을 강학의 대상으로 삼았으나, 강화학은 가학(家學)의 형태를 완전히 벗어나지는 못하였다. 양명학은 인간의 평등과 존엄을 강조하였으나, 강화학은 정주학의 허위를 극력 비판하는데 중점을 두었다. 이에 '강화양명학(江華陽明學)'이라고 부를 수 있으며 이러한 사상을 수용한 이들이 어떤 사회집단인가가 중요하다. 유교사회는 그 세력의 정도가 과거시험 합격자에 달렸는데 『사마방목』에는 15세기, 16세기, 17세기, 18세기, 19세기 각 시기별 성관별 합격자수가 기재되어 있어 18, 19세기에 등장한 양명학을 수용한 집단의 영향력을 알 수 있다.

전반적으로 강화지역은 총합격자수가 15세기 1명, 16세기 7명, 17세기 8명, 18세기 27명, 19세기 87명으로 시기가 내려올수록 많은 합격자가 나와 전체 130명 가운데 19세기의 인물이 차지하는 비중이 가장 높다. 15세기의 유일한 등재 성관은 강화의 토성인 강화 이씨이다. 당시에는 토성의 위력이 비교적 강하였지만 점차 지속적인 타지로의 이주가 이루어져 16세기 이후로는 토성 성관이 전혀 보이지 않는다. 토성의 이주는 강화를 본관으로 하는 성씨를『사마방목』서 확인해 보면 모두 13개 성관에 65명이 나온다. 강화 최씨가 28명으로 가장 많고, 강화 하씨 12명, 강화 노씨 5명, 강화 위씨 4명, 강화 봉씨 3명, 강화 이씨 3명 등의 순이다. 거주지는 개성이 17명으로 가장 많으며 서울 6명, 연기 5명, 이천 4명, 죽산 3명, 평양 3명 등이었다. 결국 강화 지역의 토성은 이곳에서 가까운 개성이나 서울, 경기나 충청도의 일부 지역으로 많이 뻗어 나갔음을 알 수 있다. 일부는 평양이나 영변 등 평안도로, 일부는 전주, 나주 등의 전라도로 확산되어 나갔다.

　『사마방목』에 나오는 강화지역 급제자는 16세기에는 탐진 안씨 등 6개 성관에서 7명, 17세기에는 능성 구씨 등 6개 성관에서 8명의 합격자가 나왔다. 18세기에는 21개 성관에서 27명이 배출되었는데, 특이한 것은 장기간에 걸쳐 합격자가 이어지는 성관이 거의 없다는 점이다. 또한 여흥 민씨 5명을 제외하면 한 성관에서 많은 합격자가 나오는 경우도 드물다.『사마방목』자료를 가지고 지속적으로 강화지역을 지배한 유력 성관을 찾아내기 힘들다고 할 수 있다. 이는 군사·정치적 이유로 인한 새로운 사족 세력의 지속적인 이주와 교체에 기인한 것으로 짐작된다. 19세기에는 합격자가 폭증해 38개 성관에 87명이 등재되었다. 다수의 합격자를 배출한 성관으로는 전주 이씨 12명, 파평 윤씨 8명, 창원 황씨 7명, 청주 한씨 7명 등이 있었다. 이 시기 이들 성관의 문중이 강화지역에서 상당한 영향력을 행사하였을 것이며,

전주 이씨나 창원 황씨는 앞 시기에도 합격자를 배출하였다. 전체적으로도 전주 이씨와 창원 황씨가 각 13명과 8명으로 많은 수를 점하고 있고 다음으로 여흥 민씨 8명, 파평 윤씨 8명, 청주 한씨 7명의 순이다. 이들보다 수는 적어도 두 시기 이상 걸쳐 합격자를 배출한 성관도 일정한 재지 기반을 갖춘 것으로 보아야 할 것이다.

재지사족들은 문중을 형성하고 이를 기반으로 집단적 거주지인 동족촌락을 발전시켜 나갔다. 유향소, 서원과 사우, 문중과 동족 촌락 등은 재지사족들이 지역에서 그들의 지배력을 실현시키기 위해 시대적 상황에 따라 만들어나간 조직이다. 강화의 유력한 동족촌락으로는 고천(古川)의 배천 조씨, 월곶(月串)과 인사(仁士)의 창원 황씨, 신삼(新三)의 청송 심씨 등이 있었다[10]. 창원 황씨나 배천 조씨는 일찍부터 강화에 뿌리를 내린 사족집단이며 청송 심씨도 꽤 많은 사마시 합격자를 배출하였다. 이들 외에도 엄밀하게 조사하면 더 많은 동족촌락들을 발견할 수 있다. 『사마방목』에 교동이 거주지로 되어 있는 인물은 16세기 탐진 안씨와 무안 윤씨 등 단 두 명밖에 나오지 않는다[11]. 교동을 본관으로 하는 성씨의 합격자는 유일하게 교동 인(印)씨가 5명이

---

10 한국정신문화연구원(1997), pp.338~342.
11 黃奎烈 編著(1995), pp.108~110. 읍지류 등을 참고하여 교동지역 합격자의 수를 9명으로 파악하였다. 탐진 안씨와 무안 윤씨 외에 안동 전씨 3명, 청도 김씨 3명, 전의 이씨 1명을 추가로 기재한 것이다. 『사마방목』에서 전의 이씨 李一羽는 합격 당시 거주지가 강화로, 청도 김씨 金鸞祥·金鳳祥·金龜祥은 서울로 되어 있다. 안동 전씨인 全允序·全瑾·全舜弼은 나타나지 않는다.

등재되었다. 인원이 소수인데다 그들의 거주 지역에 일정한 경향성이 있는 것은 아니어서 함양·함창·면천·평산·용강 등 각지에 흩어져 있다. 교동은 지역이 협소하고 주로 군사적 요충지로 인식되고 있어서 무과 합격자는 간혹 나왔으나 사마시나 문과 대과 합격자는 드물었다. 사족들의 재지기반도 그만큼 약했던 것으로 볼 수 있다.

19세기 강화의 사마시 합격자를 보면 전주 이씨가 압도적으로 많다. 이는 조선후기 이후 강화 사족사회의 가장 주요한 흐름인 학맥의 형성과 관계되는 것이다. 1709년(숙종 35) 안산에서 강화 하곡(霞谷)으로 거처를 옮겨 온 정제두(鄭齊斗)에 의해 양명학이 본격적으로 연구되면서 이 지역에는 새로운 학풍이 조성되기 시작했다. 양명학은 당쟁을 피해 강화로 이주한 정제두의 손자 사위 이광명(李匡明)과 신대우(申大羽)에게 전승되면서 이들 가문을 중심으로 강화학파를 형성해 나갔다. 강화학파의 주요 흐름은 이광명·이광신·이광려·이광사 등 전주 이씨 문중을 중심으로 전개되었다[그림 10]. 심학(心學)을 중시하는 학풍은 이광려와 이광사, 이광사의 아들인 이영익(李令翊)·이긍익(李肯翊)으로 이어졌다. 이광명의 학문은 양자인 이충익(李忠翊)에서 이면백(李勉伯)·이시원(李是遠)·이지원(李止遠)으로 전승되었다. 다시 이시원의 심학은 아들 이상학(李象學), 손자 이건창(李建昌)·이건승(李建昇)으로 전수되었으며, 이지원의 학문은 아들 이건방(李建芳)을 거쳐 훗날 건방의 제자인 정인보(鄭寅普)로 이어졌다. 19세기『사마방목』에 전주 이씨가 대거 등장하는 것은 정제

[그림 10] 이광명의 가족묘(출처: 필자 촬영, 2023.11.24.)
부친인 이진위의 묘소를 잡으면서 조성된 가족 묘지의 앞산 안산과 조산. 묘지 앞에
가족들이 생활한 집터가 남아 있다.

두의 집안 인사들이 가학인 양명학을 계승하며 강화양명학파를
발전시켜 나간 것과 무관하지 않다. 이시원은 병인양요 당시 강
화에서 자결하였지만, 강화학파의 많은 인사들이 당대의 문장가
나 학문으로 이름을 떨쳤다. 강화 사족사회가 조선후기 거듭된
외침과 군사적 요충지라는 지역적 특성에 기반해 발전해 나가는
한편으로 양명학을 적극 수용, 계승하면서 강화학파라는 독특한
학풍을 전개해 나갔던 것이다.

2. 강화양명학과 자본주의 정신

　노동과 직업윤리에 관한 『논어』의 철학 이외에도 『맹자』에는

자본주의와 관련된 개념과 원칙이 발견된다. 『맹자』에 나오는
여러 구절은 가족과 사회적 관계에 중점을 두고 이러한 가치는
자본주의 사회에서도 중요한 역할을 한다. 가족과 사회관계는
비즈니스 관계에도 영향을 미칠 수 있으며, 신뢰와 상호 협력이
경제 활동의 기반이 된다. 『맹자』는 도덕적인 행동과 원칙을 강
조하며, 이것은 자본주의 경제에서도 중요한 역할을 한다. 도덕
적으로 행동하고 다른 사람을 존중하는 가치는 비즈니스에서의
윤리와 공정한 거래에 영향을 미치게 된다. 자기 계발과 교육을
강조하는 유교 철학은 자본주의 경제에서 더 나은 경제적 지위
를 얻기 위해 노력하고 지식과 기술을 습득하는 노력과 관련이
있다. 유교 철학은 중소기업과 가족기업의 가치를 강조한다. 이
러한 기업은 자본주의 경제에서 중요한 역할을 하며, 경제 다양
성과 경쟁력을 높일 수 있다

그러나 유교 철학과 자본주의 사이에는 미묘한 모순도 존재한
다. 예를 들어, 유교 철학은 때로 개인적인 이익보다 집단이나
가족의 이익을 강조하는 반면, 자본주의는 개인적인 이익과 경쟁
을 중시한다. 이러한 모순은 유교 철학과 자본주의 사이에서 타협
점을 찾는 데 도전적인 과제일 수 있다. 유교와 자본주의와의 관계
는 Herman Kahn이 그의 저서『The Alternative World Futures
Approach』(1966)에서 잘 설명하고 있다. 유교자본주의의 요체는
혈연, 학연, 지연을 중시하는 가족주의와 가부장적 권위, 높은
교육열, 개인보다는 집단을 중시하는 공동체의식, 도덕과 윤리를
중시하는 사회의식, 유교문화의 동질감 등이라 주장했다. 공자는

유교의 핵심가치인 인(仁)을 '내가 싫은 일을 남에게 시키지 않는 것'(己所不欲, 勿施於人)으로 정의했다. 인이란 '사람을 사랑하는 것'(愛人)으로 인을 실천하는 것이 사람의 도리(仁者人也)이기 때문이다. 기독교의 코즈모폴리터니즘(cosmopolitanism)처럼 공자는 세상만물을 공동체로 규정했다. 인간들 모두가 행복하게 살아야 하는데 유일한 해법은 타인을 아끼고 사랑하는 마음인 인의 실천뿐이라 강조했다.

공자는 인이 효에서 출발했다고 설명했다. 동아시아인들의 핵심가치인 효에 대해 공자는 '자신을 낳아주고 키워준 부모의 고마움을 헤아리고 그 마음에 보답키 위해진실한 사랑을 베푸는 것'이라며 효는 만행의 근본이자 '하늘과 땅이 부여한 불변의 진리이므로 사람들은 반드시 실행해야 한다. 사람의 행위 중 효도보다 큰 것은 없다'(『孝經』)고 강조했다. 공자는 사회와 국가를 가정의 연장으로 이해했다. 부하는 윗사람을 부모 섬기듯 정성을 다하고 상사는 자신의 부하를 인의 정신으로 보살펴야 하는 것이다. 동양적 가부장주의와 온정주의의 편린이 확인된다. 지나친 가부장주의는 자칫 독선과 인권유린이란 부작용도 없지 않으나 가부장적 온정주의는 오랜 기간 동양사회를 지탱하는 문화로 정착되었던 것이다. 종신고용관습은 가부장적 온정주의의 산물로 이해된다. 공자는 인간의 자연스러운 도리로 충(忠)을 강조했는데 이는 인의 근본인 효와 일맥상통한다고 했다. 공자는 충을 "마음을 바로 세워 모든 사람들을 진실하게 대하는 것" 혹은 "어떠한 유혹에도 마음의 중심을 잡고 올바른 길을 가는 것"으로 설명했다.

그러나 도덕적으로 수양을 쌓은 후에 사람을 다스리라는 윤리에 근거해서 근검절약이 보편적 가치 기준이 되고 자연히 사치가 배격되어 상업은 설자리를 잃을 수 밖에 없는 것이다. 중상주의에 경도된 고려 문화를 의도적으로 배척하려는 때문이었다. 상인세력이 성장할수록 사대부계층의 지위가 흔들려 체제유지가 어렵다는 우려가 저변에 깔렸다. 즉 주자학의 이상적인 군자관(君子觀)인 선의후리(先義後利)가 맹위를 떨친 것이다. 특히 조선 성리학자들은 누구나 배워서 성인이 될 수 있다'는 주염계(周濂溪)의 가르침을 금과옥조로 여겨 한점 흐트러짐 없는 마음자세(愼獨) 유지와 개인적 욕망 억제를 강조했다.

선비들의 생활 습관을 일신하고 민풍(民風)을 교화하기 위해 관자(管子)에 수록된 예·의·염·치(禮·義·廉·恥)의 사유(四維)를 강조하는 한편 특히 염(廉)과 치(恥)를 사대부가 지켜야할 규범으로 권장하였다. 이러한 억상논리는 조선 중엽에 이르러 동요하기 시작하는데 박지원(朴趾源)이 무항산(無恒産), 무항심(無恒心)이 무엇보다 중요하다는 맹자의 주장에 귀 기울이기 시작한 것이다. 성리학의 선의후리(先義後利)가 이선의후(利先義後)로 변하기 시작한 것은 17세기 실학이 등장하면서부터였다. 박지원은 '선비의 학문은 농업과 공업, 상업의 이치를 겸비해야 한다'며 의리합일(義利合一)의 학문을 제시했다(朴洪植, 2001). 또한 그는 '양반전'에서 독점상업을 천민들의 도리로 규정하면서 이견사후(見利思義)의 상도경영(商道經營)을 강조하기도 했다. 정약용도

무위도식하는 선비들의 부당성을 지적하며 선비도 직접 생산적 노동에 종사할 것을 역설했다. 선비들이 생업을 가지면 불노소 득자들이 없어져 민란이 축소된다는 논지였다(임원택, 1991). 상 공업을 농업에 병존시킴으로서 사회적 생산성을 제고하려는 왕 양명(王陽明)의 양명학과 일맥상통하는 주장이다.

전술한대로 새로운 조류로 일컬어지는 출현한 조선 유학자들 을 일명 하곡학이라고 부르게 되었으며 이들이 강화에 뿌리를 내리게 되어 '강화양명학'이라고도 일컫는다. 하곡 정제두를 중 심으로 한 하곡 양명학파 또는 하곡학파가 그것이다. 정제두는 '격물은 마음의 부정한 사물들을 바로잡는다', '자기 중심에서 밖의 사물을 본다'라고 하여 주자학으로부터 벗어나고 주류 당 파로부터 이탈하게 되었다. 이들은 '만물일체설', '양반의 신분 제 폐지' 등을 주장하였다. 다시 말해 이는 『대학』에 나오는 '격 물치지'의 하곡학적인 해석으로부터 유래한다. 주자의 격물물 격, 즉 이재어물(理在於物) 해석으로부터 자유롭지 못한 조선 성 리학자와 달리 정제두는 '격물은 마음의 부정한 사물들을 바로 잡는다'고 하면서 '사람들 마음이 밖에 있는 물리보다 더 중시되 며 자기 중심에서 밖의 사물을 보아야 한다'[12]고 하였다. 또한 양 명학은 선비(士)가 상인이 될 수도 있을 뿐만 아니라 상인도 선 비로 진출할 수 있는 사상적 토대를 마련해 주었던 것이다. 양명 학이 강조한 내면적 도덕성과 개인 책임은 자본주의 사회에서도

---

12 이경룡(2008).

중요한 원칙이다.

자본주의는 개인의 노력과 책임을 강조하며 개인의 능력과 노력에 따라 경제적 성과가 형성된다고 주장하므로 양명학과 자본주의는 개인의 도덕적 선택과 노력을 강조하여 연결될 수 있다. 양명학은 자기정체성과 자기개발을 중요시하며, 이는 자본주의 사회에서도 개인적 성장과 경제적 성공을 추구하는 데 관련이 있다. 자본주의는 개인의 자기계발과 경제적 목표 달성을 장려하고 양명학 또한 지식과 교육의 중요성을 강조하며, 이는 자본주의 경제에서도 핵심 역할을 한다. 교육과 지식은 노동자들을 더 높은 생산성과 더 나은 직업 기회로 이끌어가며 양명학은 개인적 이익과 공공 이익 간의 균형을 강조한다. 이것은 자본주의 사회에서도 사회적 책임과 공익을 고려한 비즈니스 실천을 촉진할 수 있다.

양명학은 윤리와 도덕성을 중요시하며, 이러한 가치는 자본주의 사회에서도 비즈니스 활동과 결정에 영향을 미칠 수 있다. 윤리적 가치와 도덕적 선택은 자본주의 경제 시스템 내에서 중요한 역할을 한다. 양명학과 자본주의 사이의 관계는 복잡하며, 양명학의 철학적 원칙이 자본주의 사회 내에서 어떻게 해석되고 적용되느냐에 따라 다를 수 있다. 그러나 이 두 개념은 개인적 책임, 도덕성, 교육, 사회적 책임 등을 강조하여 어느 정도의 관련성을 갖고 있을 수 있다.

이러한 사상은 강화의 상공업을 발전시킬 수 사상적 잠재력을 마련해주었다. 사실 강화는 2, 7일 마다 열리는 남문외장(南

門外場, 일명 천교장(川橋場)이라고도 하였음), 교동은 5일, 10일 열리는 부내장(府內場)만 열렸다. 주로 거래되는 물종도 강화는 미곡과 어염, 교동은 미곡, 면포와 세석(細席)이었다[13]. 감이나 면포, 돗자리 등도 강화지역에서 거래되었을 것이고, 교동지역 에서 어염도 거래되었을 것이다. 두 지역 모두 5일장 하나면 충 분히 해당 지역민들의 수요를 채우기에 충분했기 때문에 더 이 상의 장시가 개설되지 않았고, 거래 역시 활발하게 이루어지지 않았던 것이라 생각된다. 당시 서울과 개성은 조선에서 가장 발 전한 상업도시였다. 강화와 교동은 개성과 마주 보는 곳이었고, 한강을 통해 쉽게 서울과도 연결될 수 있었으며 더욱이 옹진과 안흥과 같은 어염 생산지와도 쉽게 연결되어 있었으므로[14] 상업 활동에 한계가 있었다.

장시가 번성할 수 있는 여건이 충분하였지만 지리적 근접성 때문에 강화와 교동지역의 장시는 권역별로 묶을 때 서해안 유 역권에 포함되고 서해안 유역권이란 서해로 유입하는 규모가 작 은 소하천들의 유역권이다. 그 위치를 오늘날 지도에서 찾아보 면 해운과는 관계가 먼 내륙지방에 입지한 것처럼 보인다. 밀물 때 선박을 이용해 갯골이나 소하천을 따라 내륙 쪽으로 물자를 이송할 수 있었기 때문에 장시의 위치는 해안에서 결코 먼 거리 가 아니었다[15]. 즉 교동과 강화지역 2곳의 장시는 모두 선박으로

13 徐有榘, 『林園經濟志』 倪規志 4, 貨殖 八域場市 京畿.
14 『大東輿地通考』 5冊, 京畿右道 喬桐府 形勝.

운송되는 상품을 집하하기 좋은 위치에 자리하고 있었고, 이를 토대로 장시가 섰던 것으로 파악되고 있다.

경기 연해에 있던 지역은 강과 바다를 이용해 쉽게 서울에 갈 수 있었으므로 상선이 모이지 않고 있었다[16]. 더욱이 강화지역은 서울의 어물전인들의 금난전권이 행사되는 지역이었다. 즉 어물전인이 어물을 독점적으로 구매하는 구역은 18세기 초에는 경강 중에서도 항산(項山) 연미정(燕尾亭)에서 삼강(三江)에 이르는 지역이었다[17]. 또한 18세기 후반에는 서울 주위의 상업중심지가 발달하면서 반드시 서울의 어물전을 거치지 않고 칠패객주나 중도아를 거쳐서 유통될 수 있는 유통경로가 만들어진 이후부터는 선상들이 어물전인들의 침학이 심한 경강을 피하여 외방 포구에 정박하는 경우가 많았다. 이러한 사태에 대응하여 어물전인들은 외방 포구에까지 차인을 파견하여 수세함으로써 수세구역을 확대하고 있었다.

당시 교동·강화·영종 등지에서 육로가 200~300리가 되므로 가까운 수로를 이용하여 서울에 도착했으므로 내외 어물전은 모두 그곳에 나가서 수세했다[18]. 즉 교동·강화 등의 포구까지 어물전인의 금난전권이 행사되고 있었던 것이다. 어물전인들의 관할구역 안에는 대부분 여객 주인이 있어 선상과 어물전인 사이

---

15 崔永俊·金鐘赫(1997), p.184.
16 徐有榘, 『林園經濟志』 倪規志 2, 貨殖.
17 徐有榘, 『林園經濟志』 千卷, 康熙 46年(1706) 10月.
18 徐有榘, 『林園經濟志』 印卷, 癸卯(1843) 7月.

의 유통을 매개하고 있었다[19]. 이 때문에 강화나 교동지역의 선상들, 특히 어물을 취급하는 상인들은 강화나 교동의 포구가 그렇게 매력적이지 않았다. 하지만 서울과 개성의 영향이나 서해안권의 상업세력권 확대나 어물전인의 금난전권의 소멸 등에 힘입어 선비가 상인이 될 수 있다는 양명학적인 소양은 구한말 강화인의 상업발달을 촉진시킬 여지가 충분하였다.

자본주의적인 양명학 소양은 강화학파의 마지막 보루인 이건승과 이건방에게 계승되었다. 이건방은 『난곡존고』〈원론〉에서 다음과 같이 말하였다. 즉 공업, 상업의 지식이 날로 열리고, 군사, 법률의 기술이 날로 정밀해지기를 용기로 결단하고 오랫동안 행하며 근면하게 쌓고 때에 따라 발휘할 수 있다면, 하늘이 재앙을 거치고 인심이 떠나지 않을 것이니, 어찌 한 때라도 자립할 날이 있지 않겠는가?라고 하여 양명학자는 상업과 공업의 중시, 자립의 실천을 강조하는 정신으로 바뀌어야 한다고 하였다.

"어떤 사람은 오늘날 일의 형세가 너무나 절망적이어서, 비록 일을 하려고 하더라도 미칠 수 없으니, 차라리 스스로 절의를 지켜서 일신을 깨끗하게 하는 것이 낫다고 말한다. 아! 이 말도 천리와 민이의 떳떳함이 마땅히 지닌 바가 아니다. 대권이 이미 나라를 떠났으니 그 나라가 아닌 것은 분명하지만, 삼천리의 토지가 훼손되거나 찢겨 없어진 것도 아니고, 수천만의 백성들이 남김없

---

19 高東煥(1992).

이 다 죽은 것도 아니니, 사람들이 배우지 않고 변하지 않는 것을 걱정할 뿐이다. 진실로 공업, 상업의 지식이 날로 열리고, 군사, 법률의 기술이 날로 정밀해지기를 용기로 결단하고 오랫동안 행하며 근면하게 쌓고 때에 따라 발휘할 수 있다면, 하늘이 재앙을 거치고 인심이 떠나지 않을 것이니, 어찌 한 때라도 자립할 날이 있지 않겠는가? 오직 옛 것에 안주하고 안일을 좇으며 융통성 없이 지키고 변하지 않는 것, 이 때문에 이전 시기 나라가 쇠약해져 끝내 망하는 데 이르렀다. 망하기에 이르는데도 여전히 깨달을 줄 모르면, 반드시 인민이 다 전멸하는데 이르고 말 것이다. 망한한 것은 그래도 다시 일어날 수 있지만, 인민이 전멸하면 가망이 없다. 이것이 내가 큰소리로 부르짖으며 혹시라도 깨우치기를 바라는 까닭이다"[20].

이건방은 이건승과 함께 을사늑약에 비분강개하여 교육구국운동의 일환으로 1906년 계명의숙을 개교하였다[그림 11][21]. 강화 사기리에 설립한 계명의숙의 취지서에서 첫째 국민개학(國民皆學), 둘째 무실, 셋째 심즉사(心卽事), 넷째 실심(實心)·실사(實事), 다섯째 개광지식(開廣知識)을 주장하였다[22]. 계명의숙은 강

---

20 이충익·이건창·이건방(2023), p.55.

21 오환일(2004).

22 「啓明義塾趣旨書」(1977). "烏乎라 國無獨立之權이면 民安有自由之力이리오. 言念及此에 熱血이 沸騰커늘 猶尙膠守習慣고 敢爲昏闇면 是猶病不求藥고 死不求生이니 噫其危矣라. 三代之法은 遠矣라 莫徵고 興復已失之國야 扶獨立之權은 美利堅과 普魯士에 已驗良方이 惟學校而已라.(오호라. 나라에 독립의 권리

화지역의 근대교육은 보창학교와 함께 일익을 담당하여 양명학적인 소양은 근대교육에 흡수되었다. 보창학교는 이동휘가 강화 진위대장에 부임한 후 1904년 유경학교 설립을 지원하는 한편, 이듬해 보창학교를 개청 전후하여 교장에 취임하였다. 그는 유지들과 더불어 사립의무교육을 실시하는 데 앞장섰다. 이는 주민들을 실제로 항일 전선으로 협의시키려는 의도에서 비롯되었다.

[그림 11] 이건방 고택(출처: 필자 촬영, 2023.11.24.)
재종제 난곡 이건방에게 계명의숙을 부탁하고 이건승은 압록강 하구 단동을 거쳐 만주 회인현 홍도촌에 도착, 독립운동을 하다가 1924년 사망하게 된다. 집 뒤에 풍수지리상의 현무봉을 볼 수 있다.

가 없다면 스스로의 힘으로 백성들이 편안함이 있으리오? 말과 생각이 여기에 미치매 끓는 피가 비등하거늘 오히려 늘 (옛)습관을 끈질기게 지키고 달콤함을 위하여 어둡고 어리석으면 이것이 오히려 병이 있음에도 약을 구하지 않음이요, 죽음에 이르러 삶을 구하지 않는 것이니 이 위태로움을 탄식하노라. (하은주) 삼대의 법은 멀도다. 불러들이지 말고 이미 잃은 나라를 다시 일으켜 독립의 주권을 다시 서게 하여 미리견(미국)과 보노사(프랑스)에서 이미 겪은 좋은 방법이 학교임이라. - 번역: 황원규)"

관내에 설립된 사리부보창학교 지교는 신설된 경우도 있었지만 전통적인 교육기관을 통합 개편하려는 등 주민들의 호응 속에 이루어졌다. 대다수 주민들이 의무교육 부과에도 응한 일이 이를 반증하였다. 그 졸업생들이 전통시대에 관리로 임명었던 사실과 달리 사회진출이 활발하였다. 예를 들어 1907년 4월 보창학교 고등소학과 졸업생인 고성근(高聖根)은 이후 양천전습소·농사모범장 설립 발기인(1907)이 되었으며, 공립강화보통학교 학무위원(1909) 기호흥학회 강회지 회원(1909) 청심보명단 대리·특약점 운영(1907~) 송정면장(1913)이 되어[23] 송정보창학교를 설립하고[24] 김동식과 함께 강화직물조합(1916)을 설립하였다. 또한 여자 교육의 중요성은 독립신문, 제국신문을 비롯한 신문과 학회지 등에서 일찍부터 주장되었다. 이는 유아교육의 중요성에서 비롯되었다. 여성은 단순한 유모로서뿐 아라 2세의 유아교육자, 가정교육자로서의 역할을 강조하였다. 이곳 여성교육은 제1합일학교와 보창학교 여학과를

---

23 김성학(2014), p.38. 고성근은 자수성가한 자산가로 1908년에는 보창학교 본교 교무를 위임받을 정도로 이동휘의 신임이 두터웠다.

24 송정지교는 보통과와 측량과를 설치하였다. 1908년 6월에 보통과 학생 수는 80여 명에 달했으며 보통과 1회 졸업생 30명을 배출하였다. 그리고 측량과는 본교에 개설되지 않은 독특한 학과이다. 1908년 9월에 고성근 교감은 유지 김용호와 함께 측량과를 설치하였다. 그 이유는 같은 해 3월에 삼림법이 공포되어 측량기술 인력을 시급히 양성해야 했기 때문이었다. 삼림법 제19조에 따르면, 삼림과 산야 소유자는 3년 이내에 지적과 면적의 약도를 첨부해 농상공부 대신에게 신고하지 않으면 모두 국유지로 편입되도록 하였다. 그래서 고성근과 김용호는 각 동리에서 두 명씩 측량과에 입학시켜 측량기술을 가르친 다음에 다시 각 동리에 파견할 생각이었다. 측량과는 개설한 지 3개월 만에 졸업생 57명을 배출하는 성과를 거두었다. 위의 논문, p.40.

통하여 이루어졌다. 다른 지역보다 교육기관에 의한 여성 교육은 일찍부터 시행되는 등 선진적인 성격을 지닌다. 다만 제한적인 의무 교육이 시행되는 가운데 상대적으로 부진하였다.

3. 유교사회의 여성의 삶

본래 유교에서는 만물의 생성은 하늘의 원리와 땅의 원리 즉 여성적 원리[陰]와 남성적 원리[陽]의 관계 맺음에 의해 이루어진다고 하였다. 이러한 생각은 자연히 남녀의 역할 분담론을 가져오게 되는데, 즉 "여자는 안에 위치하고 남자는 밖에 위치한다. 남녀의 위치가 정해진 것은 자연의 원리"[25]라는 관념이 바로 그것이다. 이 이론 자체는 남녀의 역할을 명확히 했을 뿐 차별적인 요소를 강조한 것은 아니라고 볼 수 있다. 유교의 발생 이전부터 종법이라고 하는 가족제도에 따라 남녀 차별성 또는 부계성이 강조되었으며 '적장자위주의 가계계승과 그를 바탕으로 한 제사의례'의 종법이 특히 중국에서는 한 사람에게 절대적인 권력이 부여될 필요가 있었기 때문에 나타난 제도라고 보여지며 적장자에 의한 가계계승이 강한 부계성을 띨 수밖에 없다. 본래 유교의 도덕 원리가 가족관계에 바탕을 두고 있는 만큼 고대부터 종법과 유교는 자연스럽게 결합했다[26].

---

25 『周易』家人.

　송대에 성립된 성리학은 유교의 도덕성을 다시 강화함과 동시에 가족제도에 있어서도 고대 이후 쇠퇴했던 종법을 다시 부활시키고 자 하였다. 주희(朱熹)는 사당을 세우고 4대에 걸쳐 제사를 지내며 가법(家法)을 세우도록 하였다. 성리학을 통치이념으로 한 조선 시대의 유교사회에서 여성의 삶은 규제와 제약이 많았다. 가부장적 가족 제도 아래에서 남성이 가장 중요한 역할을 맡았기 때문에 여성은 시집가서 남편의 집에서 생활하며, 그 후에는 자식을 낳고 가장 엄격한 가부장제 아래에서 살았다. 결혼 전이나 후까지는 주로 가정일 과 관리 역할을 수행하였고 그들의 사회적 역할은 제한적이었다.

　유교 경전과 가례(家禮)가 여성의 예법(예절)과 행동에 대한 지침 을 포함하고 있으며, 여성은 유교적으로 자기절제와 겸손을 지켜야 했고 이러한 미덕이 비록 강요된 의무와 윤리에 지나지 않을지라도 가정 내 조화와 사회적 안정을 증진하는 데 기여하였다. 『주자가례』 는 여성의 일곱가지의 악에 대하여 말하고 있는데 여성의 칠거지악 (七戒之惡)은 불효(불항복, 불충성), 독립(독립적인 행동), 시부모탈 례(사돈에게 언례를 저지르다), 남자와의 외설적인 관계, 그릇되고 적절하지 않은 언어 사용, 겸손하고 참을성 없는 태도, 비밀을 털어놓는 것 등이다. 소학에는 여성의 윤리에 관한 내용을 알 수 있으며 조선시대의 여성이 쓴 내훈은 소학을 많이 인용하였다[27].

---

26 이순구(2005), 한국의 경우 조선시대 이전의 고려시대까지는 종법주의가 강하 지 않아 집안끼리의 대등한 결합이 이루어졌으므로 여성의 지위가 상대적으로 높았다고 하였다.

27 이영란(2016).

인용된 소학의 구절을 소개하면 다음과 같다.

　　예기 내측(禮記內則)에서 말하였다. "아들과 며느리로서 효도하고 공경하는 자는 부모와 시부모의 명을 거역하지 않고 태만히 하지 않는다(子婦孝者敬者父母舅姑之命勿逆勿怠)"[28], "아들이 그 아내가 매우 마땅하더라도 부모가 기뻐하지 않으시거든 내보내며 아들이 그 아내가 마땅하지 않더라도 부모가 이가 나를 잘 섬긴다 하시거든 아들은 부부의 예를 행하여 종신토록 쇠하지 않아야 한다(子甚宜其妻父母不說出子不宜其妻父母曰是善事我子行夫婦之禮焉沒身不衰)"[29], "시아버지가 돌아가시면 시어머니는 집안일을 맏며느리에게 물려주니, 맏며느리는 제사와 빈객을 접대하는 일에 매사를 반드시 시어머니에게 여쭙고, 작은 며느리는 맏며느리에게 여쭈어야 한다(舅沒則姑老冢婦所祭祀賓客每事泌請於姑介婦請於冢婦)"[30], 제통(祭統)에서 말하였다.

　　"제사는 반드시 부부가 친히 하여야 한다. 이는 바깥과 안의 맡은 일을 갖추기 위해서이니 관이 갖추어지면 제물도 갖추어진다(夫祭也者必夫婦親之所以備外內之官也官備則具備)"[31], "예는 부부를 삼가는데서 시작되니, 궁실을 짓되 안과 밖을 구분하여 남자는 밖에 거처하고 여자는 안에 거처하여, 집을 깊숙하게 하고 문

---

28 『小學集註』明倫 第二-11(成百曉 譯註), p.87.
29 『小學集註』明倫 第二-17(成百曉 譯註), p.94.
30 『小學集註』明倫 第二-19(成百曉 譯註), p.96.
31 『小學集註』明倫 第二-29(成百曉 譯註), p.103.

을 굳게 닫아 문지기가 지켜서, 남자는 안에 들어가지 않고 여자
는 밖에 나오지 않는다(禮始於謹夫婦爲宮室辨內外男子居外女子
居內深宮固門闔寺守之男不入女不出)"[32].

왕길(王吉)의 상소에 말하였다. "부부는 인륜의 큰 근본이요, 요
절과 장수의 싹이니, 세속에서 시집가며 장가드는 것을 너무 일찍
하여 사람의 부모된 도리를 알지도 못하면서 자식을 둔다. 그러므로
교화가 밝아지지 못하고, 백성들이 요절하는 이가 많다(夫婦 人倫大
綱 夭壽之萌 世俗 嫁娶太蚤 未知爲人父母之道而有子 是以 敎化不
明而民多夭)"[33], 문중자(文中子)가 말하였다. "혼인에 재물을 논함
은 오랑캐의 도이다. 군자는 그러한 마을에 들어가지 않나니 옛날에
는 남자와 여자의 종족이 각각 덕을 가렸고, 재물로 예를 삼지 않았
었다(婚娶而論財 夷虜之道也 君子不入其鄕 古子 男女之族 各擇德
焉 不以財爲禮)"[34], 최현위의 어머니 노씨가 일찍이 현위를 훈계하
여 말하였다. "내가 이종오빠인 둔전낭중 신현어를 보니, 말씀하기
를 아들로서 벼슬에 종사하는 자를 어떤 사람이 와서 가난하고 궁핍
하여 생존할 수 없다고 말하면 이는 곧 좋은 소식이거니와 만약
재화가 충족하며 옷과 말이 가볍고 살쪘다는 말이 들리면 이는 나쁜
소식이다 라고 하니, 나는 항상 이것을 명확히 의논이라 여긴다(吾見
姨兄屯田郞中 辛玄馭 曰 兒子從宦者 有人 來云貧乏不能存 此 是好

---

32 『小學集註』 明倫 第二-65(成百曉 譯註), p.133.
33 『小學集註』 嘉言 第五-39(成百曉 譯註), p.312.
34 『小學集註』 嘉言 第五-40(成百曉 譯註), p.312.

消息. 若聞皆貨充足 衣馬經肥 此 惡消息. 吾賞以爲確論)"[35]

　열녀전에 말하였다. "옛날에 부인이 아이를 배었을 적에 잠잘 때에는 옆으로 기울게 하지 않으며, 앉을 때에는 모로 앉지 않으며, 설 때에는 한 쪽 발로 서지 않았다. 부정한 맛을 먹지 않으며, 고기를 썬 것이 바르지 않거든 먹지 않으며, 자리가 바르지 않거든 앉지 않으며 눈으로는 부정한 색을 보지 않으며, 귀로는 부정한 소리를 듣지 않으며, 밤이면 악사인 봉사로 하여금 시를 외우며 바른 일을 말하게 하였다. 이와 같이 하면 아이를 낳음에 용모가 단정하며, 재주가 보통사람보다 뛰어날 것이다.(古者 婦人姙子 寢不側 坐不邊 立不 不食邪味 割不正 不食 席不正不坐 目不視邪色 耳不聽淫聲 夜則令瞽誦詩 道正事 如此 則生子 形容端正 才過人矣"[36]

　당시의 여성은 자신의 계발보다는 시부모와 남편의 봉양과 간병, 상장례와 제사, 수유와 양육, 길쌈과 음식조리, 농사 및 종 관리 등을 하였다. 조선시대 여성들에게 길쌈이 부덕으로 권장되었지만 신분에 따라 권장된 길쌈의 종류는 달랐다. 여성의 길쌈으로 생산되는 직물은 명주·무명·삼베·모시 네 가지이다. 직물의 생산 과정은 매우 힘든 노동이었고 특히 방적과정에서의 노동강도는 각 직물마다 차이가 있었다. 누에고치는 장사(長絲)로 방적과정이 비교적 쉽고 시간이 많이 걸리지 않고 목화의 경우에도 물레를

---

35 『小學集註』善行 第六-23(成百曉 譯註), p.401.
36 『小學集註』立敎 第一-1(成百曉 譯註), pp.44~45.

이용하여 실을 길게 잇는 작업이 이루어지므로 방적과정이 그다지 어렵지 않다. 반면에 혁피섬유(靭皮纖維)인 대마·저마는 방적과정에 여성의 손톱과 치아, 무릎이 작업도구로 이용되었다. 신체 노출이 필요하고 치아, 손톱 등 신체손상을 수반하는 삼베·모시 방적은 조선시대 상층신분의 여성들에게 권장되었던 노동은 아니었다.

조선시대 사족 여성들이 주로 참여했던 길쌈은 명주·무명 정도였다. 여성들은 힘이 많이 들고 시간이 많이 소요되는 삼베나 모시 방적작업에 단체노동인 길쌈두레를 이용하였다. 길쌈두레에는 무명 두레·모시 두레·삼 두레가 있었으며, 양잠은 길쌈두레가 운영되지 않고 각 농가에서 개별적으로 작업이 진행되었다. 삼베·모시 길쌈이 여성의 신체 손상을 수반하는 매우 힘든 노동이었지만, 여성들은 이를 자신의 직업으로 자부하며 능동적으로 삶을 개척해 나갔다. 조선 후기에는 길쌈을 통해 자산가로 성장하는 여성도 나타났다. 고달픈 삶을 굳은 의지로 개척해 나가는 한국여성의 강인한 모습을 길쌈을 통하여 확인할 수 있다[37].

이러한 헌신과 희생은 효와 윤리의 인격적 차원에서 이를 보상하였다. 양반 여성이 수행한 노동 중의 상당 부분은 종, 이른바 노비를 통해 부분적으로 대체 가능했던 것이었으며 종을 시키지 않고 직접 하는 것을 높이 평가하는 사회적 분위기가 존재하였다. 양반가 여성의 경제적 상황과 조건에 대한 정밀한 차이성을 고려해야 하겠지만 당시 양반 여성의 노동이 여공(女工)으로 명명되어

---

37 남미혜(2019), p.295.

일종의 직분으로 간주되었다. 여공(女工)에 대한 수행을 효와 내조, 부덕으로 명명되는 윤리 규범으로 평가, 사실상 여성 노동을 품성/인성으로 전치시키는 언설 구조가 형성되었다.

조선시대 양반 여성이 결혼 생활에서 수행한 실질적인 노동의 어려움과 고통을 윤리적 언어와 자기 수양 인격성의 문제로 전치시키는 문화가 파생되게 하였다[38]. 유교 윤리는 가정을 중요하게 보고, 가정이 사회의 기본 단위라고 강조했고 여성은 이 가정 내에서 중요한 역할을 맡았으며, 남편과 자녀를 섬기는 역할이 강조되었다. 유교는 자손을 계승하는 것을 가장 큰 가치 중 하나로 여겼으며, 여성은 이를 위해 임신과 출산을 통해 가정의 미래를 보장하는 역할을 맡았다. 가부장적 가족 제도에서 남편의 의견과 요구를 존중하는 것이 여성의 미덕(美德)이며 더욱 넓게는 도덕적인 행동과 가치를 나타내는 말로 여겨졌으며 시부모, 특히 시어머니는 남편의 어머니로서 큰 존경을 받았으며, 가정 내에서 중요한 영향을 미쳤다.

유교 사회에서의 여성은 결혼을 하여 시어머니가 되면 가정과 사회에 영향을 끼치게 되므로 가문을 유지하는 결정적인 역할을 하게 된다. 여성의 교육 또한 남성에 비해 제한적이었으며 교육 또한 주로 유교적인 가치와 가정관리에 초점을 맞춘 것이

---

38 최기숙(2021)은 조선시대 양반 여성이 가정에서 수행한 일의 내역과 범주가 노동의 관점에서 강요된 의무와 윤리에 지나지 않는다고 재해석하였다. 즉 여성이 효 또는 내조로 수행한 노동의 내역인 봉양, 간병, 상장례, 내조 등은 진정·정성·공경 등 감정 노동의 수준을 넘어선 필수적으로 기대되고 요청된 영혼 노동이었다고 하였다.

었다. 일부 시가와 미술 분야에서 활약할 수 있었으며 자신의 예술적 능력을 표현할 수 있었다. 여성은 의상과 화장에 엄격한 제한을 받았으며, 특히 결혼 후에는 더욱 보수적인 복장을 해야 했다. 여성은 가문과 가정 내에서의 자기계발과 도덕적인 성취를 추구하는 데 중점을 두어야 한다고 주장하였다. 여성은 옷차림과 미용에도 신경을 써야 했으며 이는 자신의 외모와 복장을 통해 가정의 명예와 존경을 나타내는 방법 중 하나로 여겼다.

　여성은 남편과의 관계에서 충성과 순종을 지켜야 하는데 남편에게 불충을 범하는 것은 큰 죄악으로 여겨졌고 여성은 자기 의지대로 행동하거나 독립적인 결정을 내리는 것을 금지되었다. 남편이나 가족의 의견을 따르고 본분을 지켜야 하는 동시에 여성은 남편의 부모에게 예의를 반드시 지켜야 했고 여성은 남자와의 외설적인 관계나 불륜을 피해야 했다. 유교적 윤리에서는 도덕적으로 순결하고 정조한 삶을 살도록 권장되고 여성은 그릇되거나 저속한 언어를 사용하지 말아야 해서 말과 행동은 언제나 적절하고 예의 바르게 해야 했다. 이러한 태도는 유교적 윤리와 가부장적 가족 제도를 강조하며, 여성의 역할은 남편과 가족에 대한 복종과 예의 바르게 행동하는 것으로 정의했다.

　이러한 가르침은 조선 시대의 한국사회에서 여성의 행동과 역할을 규제하고 유지하는 데 큰 역할을 했다. 여성의 사회적 역할은 사적인 가정에만 국한된 것이 아니었다. 조선 정부의 공적인 인민(人民)파악의 최종 결과물인 호적대장에는 여성인구의 40~60%에게 직역명이 기재되어 있다. 물론 이 중 상당수가 공사천(公私

賤) 여성이었다는 점을 고려하더라도 많은 수의 여성이 직역체계 안에 편제되었음을 알 수 있다. 더욱이 직역명이 주어진 여성의 비율 못지않게 주목해야 할 점은 그것이 제도화되었다는 점이다. 국가수취로서 성립된 직역체계를 최종적으로 보여주는 호적대장에 여성의 직역명이 편제되어 있다는 점은 여성에 대한 공적 업무의 부여가 제도화되었다는 것을 의미한다. 조선시대의 여성은 직역의 수행을 통해 공적 영역 안에서 사회적 역할을 했던 것으로 여겨진다. 결국 남성 뿐만 아니라 여성 역시 국가의 통치를 위해 직역체계라는 공적인 지배구조에 포섭되었던 공민(公民)으로 인식될 수 있었다[39].

그러나 이러한 여성의 사회적 지위는 여성의 근대교육으로부터 변화되기 시작하였다. 강화의 보창학교는 1905년 7월경에 여학과를 설치하였다. 교장 이동휘는 여아들에게 열심히 입학을 권장하여 10여 명을 모집할 수 있었다. 당시만 해도 조선인이 지방에 설립한 민족계 사립여학교는 찾아볼 수 없었다. 보창학교 여학과 이전에 설립된 학교로는 1899년 4월에 찬양회가 '한성'에 세운 순성여학교와 이를 이어받은 정선여학교에 불과했다. 이동휘는 1902년에 이동휘가 소속된 강화읍 잠두교회에 여자의숙이 설립되었는데, 이듬해에 크게 성장하여 여학생 수가 15명

---

39 김경란(2008). 김경란은 여성에 대한 공적 규정에 대한 연구는 주로 사적인 영역인 가족제도의 범주 내에만 여성을 파악하였던 시각에서 벗어나 조선시대 여성의 위상을 범주지을 수 있는 또 하나의 기준을 제시해 줄 수 있을 것으로 여겨진다고 하였다.

에 이르렀다. 또한 같은 미국 북감리교 관할인 제물포 내리교회에서도 이미 1892년부터 영화여학당을 성공적으로 운영해 오고 있었다. 강화읍에 잠두여자의숙이 있었지만 여전히 교육기회를 얻지 못한 여아들을 목격하면서 여학과의 필요성을 인식했던 것이다[40].

---

40 김성학(2014), p.16.

Ⅳ
강화의 기독교 전파와 개신교 감리교의 수용

1. 강화의 기독교 전파

강화는 비록 1876년 강화도조약(조일수호조규)와 1882년 조미수호통상조약을 체결하여 개항의 첫 머리를 장식한 곳이었지만, 근대적 문물의 수용이 빠르게 이루어지지 못하였다. 무엇보다도 서구문물의 수용은 서울과 제물포 등 개항장을 중심으로 이루어졌기 때문이다. 다만 성공회(聖公會)와 감리교(監理敎)로 대표되는 개신교의 수용과 발전이 두드러졌고, 사립학교도 비교적 일찍 설립되었다. 즉 강화에는 1890년대 초부터 감리교와 성공회를 통한 선교가 이루어졌으며 신도들에 의한 자립교회로 발전하여 오늘날까지 교회 전통이 계속되고 있다. 하지만 초기에 감리교나 성공회 외국 선교사들은 강화 지역 주민들로부터 냉대를 받았다. 이를 극복하기 위한 개신교 선교사들의 노력은 의료·교육·사회복지 사업 등으로 나타났고, 교회 발전의 기틀을 마련할 수 있었다.

 강화지역 감리교와 성공회는 발전을 거듭하며, 많은 교역자를 배출하여 한국 개신교 선교 산실의 역할을 했다. 창립 100주년을 맞은 교회는 1893년에 교산(橋山)교회, 1896년에 홍의교회, 1898년 이전 건평교회, 1900년에 잠두교회, 1899년에 교동교회, 1900년에 망월교회, 1893년에 대한성공회 강화교회 등이다. 이들 교회는 선교 100주년 기념식과 자료집 출간 등을 통하여 교회 역사를 상세히 서술하였고, 1991년 7월에는 '강화기독교 100주년 기념사업회'를 결성하여 개신교 선교 100년의 역사를 정리하고 『강화기독교100년사』를 출간하기도 했다. 이에 비해 천주교는 신앙의 씨앗이 먼저 뿌려지긴 했지만 선교사 파견의 역사도 짧고, 자료도 별로 없다. 1893년 강화에 처음 전파된 성공회와 감리교는 그 전래과정은 달랐다. 성공회는 1894년 정부에서 갑곶이에 설립한 '조선수사해방학당(朝鮮水師海防學堂)' 덕분에 비교적 수월하게 강화읍에 진출할 수 있었으나, 감리교는 그렇지 못해 강화 북서쪽 해변마을 시루미(甑山)에서 선교를 시작했다. 시루미에 첫발을 내디딘 선교사는 미 감리회 소속 존스(George Heber Jones ; 趙元時) 목사였는데 그는 1892년 여름부터 인천에 머물며 선교 활동을 시작하였고, 한강 뱃길을 이용해 서울과 인천을 오가며 눈여겨 본 강화에 복음을 전하려 하였다. 그가 갑곶나루를 거쳐 강화읍으로 들어가려 했을 때 남문에서 입성이 거부되어 그의 첫 선교 시도는 번번히 좌절되고 말았다.

 당시 존스 목사가 강화 선교에 관심을 갖게 된 것은 첫째, 문호개방 이후 한국에 진출한 북장로회와 미감리회 선교사들이 1892

년에 합의한 "5,000명 이상의 도시에서는 두 선교사가 같이 일하도록 하고 그 미만의 도시에서는 그곳을 먼저 개척한 선교부의 담당 구역으로 한다"는 '선교 구역의 분할, 즉 예양(禮讓, Community Arrangements)' 때문이었다. 둘째, 내한한 선교사들이 다른 피선교 국가에서의 시행착오를 되풀이하지 않기 위하여 1893년 2월 한국의 선교 구역을 분할하여 장로교회는 한국의 서북지역을, 감리교회는 중부지역을 담당하기로 했었고, 셋째, 아펜젤러 이후 인천에 진출한 감리교회 선교사들이 강화해로를 이용해 서울을 오갔기에 그 길목이었던 강화는 자연스럽게 선교사들의 관심을 끌었다. 넷째, 정부 시책상 서울 30리 이내에서의 선교사 활동의 자유권과 서울 100리 이내에서만 호조(護照) 없이 여행할 수 있다는 규정 때문이었다.

존스 목사의 강화 선교 의지가 현실화 된 것은 1893년 강화 북서쪽 해안 서사면(지금의 양사면) 시루미 마을 출신의 이승환 덕분이었다. 그는 인천에서 주막집을 경영하였는데, 당시 내리 감리교회 신도들이 하던 '계' 모임에 참여하면서 신앙을 갖게 되었고, 매주 성경 공부를 통해 진리에 관심을 갖게 되었다. 술장사에 대해 양심에 가책을 느끼던 그는 술장사를 포기하고 고향으로 내려가 모친에게 신앙을 전파하여 존스 목사에게 세례를 의뢰했다. 그의 요청에 따라 존스 목사는 시루미 해안에 도착하여 이승환의 집으로 가려 했으나 다리목[橋項] 마을의 김초시로부터 거절을 당했다. 이승환은 결국 모친을 등에 업고 선교사가 있는 배에 올라 모친과 함께 선상세례를 받게 되니 강화에서의 첫 세례예식이었다.

[그림 12] 강화교산교회(출처: 필자 촬영, 2023.7.9.)
신축된 교산교회와 방문자들. 오른쪽 멀리 보이는 건물이 100주년 기념관이며 성지순
례자들 전면에 선상세례 조형물이 건립되어 있다.

이로써 강화교회의 첫 세례 교인이 탄생하였고, 존스는 인천
의 이명숙(李明淑) 권사를 시루미로 파견해 이승환의 집에서 집
회를 시작하도록 하였다. 오래지 않아 시루미에 신도들이 늘어
신앙공동체가 탄생되었다. 이 공동체는 '서사교회(西寺敎會)',
'교항교회(橋項敎會)', '교산교회(橋山敎會)', '양사중앙교회(兩寺
中央敎會)' 등으로 불렸는데, 현재의 '강화교산교회'로, 곧 강화
의 첫 감리교회이다[그림 12]. 그 당시 선교사의 입촌을 거절한
유학자 김초시도 47세에 개종하여 1894년 10월 존스 목사에게
세례를 받았다. 김초시의 이름은 김상임(金商壬)이었고 그가 개
종하자 가족과 제자도 따라서 신앙을 갖게 되었고, 다리목 마을
전체가 개종하였다. 김상임은 이승환의 집 예배소가 협소하기에
자기 집 앞마당에 열두 간 짜리 초가집 예배당을 지어 예배 모임

을 새 집으로 옮기게 했다. 이로써 시루미 평민들과 다리목 양반들이 한 곳에 모여 예배를 드리게 되었고 교인들도 1년 사이에 50여 명으로 늘었다. 김상임은 기독교로 개종한 이후 전도인이 되어 강화 전역을 다니며 선교하다가 1902년 목사 안수받기 전 선종(善終)하였다.

감리교의 '홍의마을'의 선교는 1896년 서당훈장 박능일(朴能一)이 교산교회 김상임을 만나면서 시작하였다. 박능일의 선교로 종순일, 권신일 등이 입문하였고, 1년 후 신도는 80명으로 늘었다. 당시 신도들은 선교사의 도움없이 토담집 예배당을 건축하였고, 서당을 학교로 바꾸어 신식 교육을 시작하였다. 성공회의 갑곶이학교(후의 진명학교)에 이은 강화의 두 번째 근대 교육기관이었다. 홍의교인들은 한국복음전래사 중 독특한 두 가지 형태의 공동체 의식을 지니고 있었다. 첫째는 교인들이 모두 검은 옷을 입었다는 것이고, 둘째는 자신들의 이름을 신앙의 의미로 새롭게 바꾸었다는 것이다. 성은 그대로 두고 이름 중 끝자를 한 일(一) 자 돌림으로 하고, 가운데 자는 신앙적 의미를 지닌 '충(忠)'·'신(信)'·'은(恩)'·'혜(惠)'·'능(能)'·'경(敬)'·'천(天)'… 등을 적어 넣은 함에서 제비 뽑아 정하였다. 이는 "한날 한시에 믿었으니 같은 형제, 한 가족이다."라는 의미였다. 이후 홍의 교인들은 모두 '일'자 돌림을 쓰게 되었고, 부자지간에도 같은 날 믿기 시작하면 같은 돌림자를 쓰게 되어 부자지간이 형제지간처럼 되기도 했다. 이처럼 항렬을 따라 집단적으로 이름을 바꾸는 습관은 교동에서는 '일'자 대신 '신'(信)자 돌림으로 바뀌었

고, 강화읍에서는 학교 이름을 지을 때도 이를 적용하였다. 합일
학교가 그 예이다.

다시 말해 홍의교인들은 강화의 다른 곳에도 복음을 전하는
주역이 되었다. 권신일·혜일 부자는 서쪽 교동으로, 종순일은
남쪽 길상으로, 홍의교회를 시작한 박능일은 동쪽 강화읍으로
진출해 1900년에 잠두교회가 개척되었다. 이후 강화읍 잠두교
회는 기타 지역 복음 확산의 중심이 되었다. 당시 잠두교회의 개
척자는 박능일·김봉일·권신일·종순일·윤정일·정천일 등이었
다. 다시 말하자면 감리교는 1887년부터 인천에 선교를 시작하
였는데, 선교사와 한국인 교인들의 노력에도 불구하고 큰 성과
를 얻지 못하였는데 1892년 존스(G. H. Jones) 목사가 인천에 정
착하여 조력자들의 협조로 점차 교세를 확장할 수 있었고, 인천
은 감리교 서부선교기지로 자리 잡았다. 1893년 성공회와 마찬
가지로 감리교의 강화 선교가 시작되었다.

앞서 서술한 바와 같이 인천 내리교회에서 세례를 받은 이승환
이 존스 목사를 고향인 강화 서사면 시루미에 초빙하여, 그 모친과
지역 양반 유지인 김상임에게 전도한 결과 교산교회가 태동할 수
있었다. 교산교회에서 확산된 기독교 신앙은 송해면 홍의(홍해)교
회, 내가면 고부교회, 하점면 망월교회, 강화읍교회 등을 설립하
였다. 뿐만 아니라 교동·삼산·주문·장봉 등 주변의 섬에도 강화
의 기독교인들이 건너가 교회를 개척하였다. 1900년대에는 각 면
마다 교회가 설립되었고, 전체 강화 주민의 10%가 감리교 신자가
되는 급속한 성장을 보였다. 강화는 1899년에 이미 인천구역에서

독립된 구역회를 조직하였고, 이것이 강화읍·강화남·강화서-교동·주문-삼산 지역으로 분할되기에 이르렀다.

1893년 전래된 이후 초기(1893~1913) 중기(1914~1966) 후기(1967~현재)의 3시기에 걸쳐 감리교의 전파루트와 유형이 달리 나타난다. 교회 분포의 지리적 근접성을 기준으로 이러한 시기 구분이 이루어졌다. 제1기에는 홍의교회(1896)를 기점으로 해안 전파루트를 따라 전파되었다. 즉 인천과 가깝고 강화읍성으로부터 먼 서쪽 해상에 의한 접근성을 따라 이주에 의하여 전파되었다. 북서쪽 해안의 교동도의 교동교회(1899), 인천과 가까운 남쪽 해안에 선두교회(1899)·내리교회(1903)·장화교회(1904)·강남교회(1905)·화도시온교회(1905)·동막교회(1905)·문산교회(1906)·선두중앙교회(1907)·초지교회(1908)·장흥교회(1910) 등이 홍의교회 감리교도들은, 이른바 일자 돌림을 하여 개명하고 박능일, 종순일, 권신일, 장양일, 김경일, 권혜일 등이 주축이 되어 해상 루트를 따라 이주하여 교회를 개척하였던 것이다. 이러한 전파는 이동전파이다.

중기의 전파루트는 강화읍 내에 위치한 강화중앙교회(당시에는 강화읍잠두교회로 일컬음)가 전파의 핵심역할을 하면서 계층 전파가 이루어졌다. 1900년에 설립된 강화중앙교회가 1903년 화도면의 내리교회, 1904년의 강화읍의 월곶교회, 1905년 길상면의 선두리교회·화도면의 동막교회 등을 개척하였으며 그 후 전파의 최고차위에 자리하게 되었다. 1913년 이후 1927년 선원면의 선원교회·창리교회·선행교회, 1931년의 길정교회, 1956

년의 신현교회, 1958년의 삼은교회, 1964년의 양도중앙교회, 1965년의 송해교회 등 내륙으로 전파되었다. 이들은 대부분 기도처로 시작하였고 나중 분구되어 교회가 설립되었다[1]. 최초의 감리교 유입 이후 초기에는 이동전파, 중기에는 강화읍의 최상위 중심지로부터의 계층전파가 이루어지게 된 것이다. 1967년 이후 후기에는 이들 2차 중심지를 중심으로 하여 주변으로 접촉전파가 이루어지게 된다.

이러한 전파 결과 1903년 당시 강화, 교동으로 나누어진 교회 구역이 1911년까지 지속되었다. 교동은 인천으로 오가는 연안로에 위치한 강화지역의 또 다른 도서이다. 1903년 당시 강화구역은 교회 4개소, 입교인 132명, 학습인 260명 등이었고 교동구역은 교회 1개소, 입교인 16명, 학습인 38명 등이었다. 1911년에는 강화구역 교회 23개소, 입교인 770명, 학습인 1,381명, 교동구역 교회 10개소, 입교인 280명 등이었다. 감리교는 기원지 교산교회로부터 홍의교회, 강화읍의 중앙교회로 전파되었다. 즉, 초기 (1893~1913)에는 인천과 교동도, 석모도를 잇는 항로를 따라 해안가에 분포하며 중기(1914~1966)에는 내륙으로, 후기(1967~현재)에는 가까운 곳으로 전파되었다.

1903년부터 1911년 간 강화구역에 비하여 교동구역의 신도수가 급증하였음을 볼 때 초기에는 서해상으로의 전파루트가 중시되지 않을 수 없다. 강화읍이 계층전파의 중심에 서게 된 중기에

---

1 옥한석(2014).

는 강화읍, 강화서, 강화남, 교동, 주문 등 5개구역으로 나누어
졌다. 1913년 이후 강화읍과 타구역의 교세가 최정점을 이루시
기가 1926년이다. 그 해 강화읍 교회 4개소, 입교인 325명, 학
습인 38명 등이었던데 반해 타구역은 교회 32개소, 입교인 848
명, 학습인 496명 등 전체 교회 36개소, 입교인 1173명, 학습인
534명 등이었다. 1913년 이후 강화읍이 고차 중심지로서 역할을
하게 되었음을 말해준다. 후기인 1967년에는 강화도의 감리교
교구는 동, 서로 나누어졌고 교회 54개소, 신도수 8,693명이었
으며 늘어난 신도수를 감안하여 2006년 동, 서, 남, 북의 4교구
로 다시 분리되어 총계 교회 121개소, 신도 10,576명이 되었다.
교구별로 보면 동교구는 교회 32개소 신도 3,510명, 서교구는
교회 32개소 신도 2,360명, 남교구 교회 28개소, 신도 2,489명,
북교구 교회 29개소, 신도수 2,217명이 되어 감리교 신도는 강
화군 전체 인구의 20% 이상을 차지하게 되었다

　영국 성공회의 강화 선교는 1893년에 시작되었다. 1890년 9월
에 내한한 코프(C.J. Corfe) 주교는 제물포에서 병원사업을 시작
하여, 서울 정동 등에서 교회와 병원사업을 준비하였다. 1893년
7월 성공회 워너(L.O. Warner) 신부는 갑곶진에 집을 마련하고
왕래하는 강화 사람들에게 접근하여 선교를 했으나, 외국인에 대
한 조선인들의 경계 때문에 큰 성공을 얻을 수 없었다. 워너는
고아들을 모아 영국식 기숙사제도를 도입하여 양육하면서 교리를
가르쳐 1896년에 5명의 고아들에게 세례를 하였는데, 그의 헌신
적인 양육활동에 감명받은 주민들도 성공회에 관심을 갖기 시작

하였다. 김희준(金熙俊)은 1897년 11월 제물포에서 세례를 받고, 이후 성공회 선교활동에 참여하다가 1915년 12월 한국인 최초로 성공회 사제로 서품을 받기도 하였다. 워너가 건강문제로 귀국하자 트롤로프(M. N. Trollope) 신부 등이 그 뒤를 이어 강화 선교는 강화되었고, 1897년에는 성안으로 진출할 수 있었다.

수사해방학당의 교사는 '성바우로회당'으로 축성되어 성공회 강화 선교의 전진기지가 되었다. 이곳에서 선교와 교육, 진료가 이루어졌으며, 1899년에는 18명의 교인이 세례를 받았다. 아울러 트롤로프는 관청리의 언덕에 위치한 토지를 매입하여 성당을 건축하였다. 1900년 11월 '성바우로와 성베드로 회당'으로 봉헌된 강화읍 성당은 한국 토착화에 대한 성공회의 관심을 그대로 드러낸 것이었다. 이 성당은 배 모양으로 닦인 터 위에 건물 외형은 전통 한옥으로 꾸몄고, 내부는 전통 한옥 자재를 쓰되 배치는 중세 서양 성당 건축 양식인 바실리카·로마네스크 혼합양식을 사용하였다. 1911년 제3대 한국 주교로 부임한 트롤로프는 한국인 성직자 양성의 필요성을 절감하고, 1914년 1월 강화에 '성미가엘수도원'을 설립하였다. 이 신학원은 1921년 인천으로 이전할 때까지 성공회의 유일한 신학교육기관으로 초기 성직자와 지도자들을 배출하였다.

1916년 트롤로프 주교는 전국 성공회 조직을 정비하면서 전국을 6개 전도구로 나누었는데, 강화전도구에만 14개 교회가 소속되어 전국 65개 교회 가운데 20%가 강화에 집중되었던 것이다. 개신교 감리교의 교산교회와 홍의교회, 천주교 3개 공소의 신도들은 성직자들의 선교에 의해서가 아니라 스스로의 노력으로 신앙에 입문하여 자립교회의 특성을 보였고, 홍의교회 신도들의 경우 검은 옷 입기와 새로운 돌림자 이름갖기 운동 등을 전개해 선교 역사의 독특성을 보여주었다. 이러한 초기의 창의적 신앙행위는 요원의 불길처럼 강화 전역에 퍼져나갔고 한국 그리스도교 공동체 성장의 밑거름이 되었다.

2. 개신교 감리교와 자본주의 정신

강화에 선도적으로 뿌리를 내린 개신교 감리교는 18세기 영국 존 웨슬리(John Wesley)를 중심으로 시작된 개신교의 한 분파이다. 감리교는 신앙 생활의 개인적 변화와 사회적 개혁을 강조하며, 교리적으로는 예수 그리스도의 구원과 사람들의 개인적 변화를 중요시한다. 자본주의 정신은 이기적 이익 추구, 경쟁, 이윤 추구 등을 중심으로 하는 경제 체제와 관련이 있다. 이것은 개인과 기업이 자본을 투자하고 수익을 추구함으로써 경제 성장을 촉진하고, 이로 인해 사회 발전이 이루어진다는 이념이다. 감리교는 예수 그리스도를 중심으로 한 개신교적 가치와 윤리를 강조하며. 이러한 윤리는 어떤 경제 시스템에서도 적용될 수 있으며, 도덕적 원칙과 양심적 책임을 중요시한다. 특히 감리교는 사회적 개혁을 강조하여 빈곤층 돕기, 교육 개선, 약자 지원 등을 중요하게 여긴다. 이러한 사회적 관심은 자본주의 사회에서 불평등을 완화하려는 시도와 부합할 수 있다. 자본주의 경제 체제는 이기적 이익 추구와 경쟁을 강조하지만, 감리교의 가르침은 개인적 도덕성, 부끄러움, 사랑의 원칙과도 부합될 수 있다. 감리교 뿐 아니라 개신교 자체는 경쟁과 사랑에 관하여 자주 성경 마태복음 25장 14절 이후 다음 구절을 인용하고 있다.

"25:14 또 어떤 사람이 타국에 갈 때 그 종들을 불러 자기 소유를 맡김과 같으니 15 각각 그 재능대로 한 사람에게는 금 다섯 달란트를, 한 사람에게는 두 달란트를, 한 사람에게는 한 달란트를 주고 떠났더니 16 다섯 달란트 받은 자는 바로 가서 그것으로 장사하여 또 다섯 달란트를 남기고 17두 달란트 받은 자도 그같이 하여 또 두 달란트를 남겼으되 18 한 달란트 받은 자는 가서 땅을 파고 그 주인의 돈을 감추어 두었더니 19 오랜 후에 그 종들의 주인이 돌아와 그들과 결산할새 20 다섯 달란트 받았던 자는 다섯 달란트를 더 가지고 와서 이르되 주인이여 내게 다섯 달란트를 주셨는데 보소서 내가 또 다섯 달란트를 남겼나이다 21 그 주인이 이르되 잘하였도다 착하고 충성된 종아 네가 적은 일에 충성하였으매 내가 많은 것을 네게 맡기리니 네 주인의 즐거움에 참여할지어다 하고 22 두 달란트 받았던 자도 와서 이르되 주인이여 내게 두 달란트를 주셨는데 보소서 내가 또 두 달란트를 남겼나이다 23 그 주인이 이르되 잘하였도다 착하고 충성된 종아 네가 적은 일에 충성하였으매 내가 많은 것을 네게 맡기리니 네 주인의 즐거움에 참여할지어다 하고 24 한 달란트 받았던 자는 와서 이르되 주인이

여 당신은 굳은 사람이라 심지 않은 데서 거두고 헤치지 않은 데서 모으는 줄을 내가 알았으므로 25 두려워하여 나가서 당신의 달란트를 땅에 감추어 두었었나이다 보소서 당신의 것을 가지셨나이다 26 그 주인이 대답하여 이르되 악하고 게으른 종아 나는 심지 않은 데서 거두고 헤치지 않은 데서 모으는 줄로 네가 알았느냐 27 그러면 네가 마땅히 내 돈을 취리하는 자들에게나 맡겼다가 내가 돌아와서 내 원금과 이자를 받게 하였을 것이니라 하고 28 그에게서 그 한 달란트를 빼앗아 열 달란트 가진 자에게 주라 29 무릇 있는 자는 받아 풍족하게 되고 없는 자는 그 있는 것까지 빼앗기리라 30 이 무익한 종을 바깥 어두운 데로 내쫓으라 거기서 슬피 울며 이를 갈리라 하니라"[2]

위의 구절은 첫째 모든 인간은 평등하지만 각기 다른 재능이 있고 기독교의 하나님, 이른바 주는 첫째 그 재능에 따라 부(富), 즉 5달란트, 2달란트, 1달란트를 맡기며, 둘째 이들은 자신의 노동과 노력으로 부(富)를 증진시켜야 할 의무가 있음을 보여준다. 셋째 부를 증진시키기 위한 위험부담을 생각하여 게으르고 악하게 생활한 자에게는 주인은 자산을 늘리려는 노력을 하지 않음을 질책하고 더 나아가 빼앗아 더욱 부유한 자에게 얹어준다는 내용으로 해석할 수 있다.[3] 여기서 악하다는 표현이 주인에 대한

---

2 『성경전서(2017)』신약전서, pp.42~43.
3 세 번째 종의 행동은 도난에 대비한다는 면에서 나쁜 방법은 아니었지만 그 결과 그는 다른 두 종들과 달리 주인을 위해 아무것도 안남겼다. 무디성경주석

사랑이 없음으로 해석하게 되면 하나님과 이웃에 대한 사랑이 결핍되면 안 된다는 의미가 된다. 기독교인은 사랑을 실천하기 위하여 부단히 노동과 일을 하여 부(富)를 증진시켜야 한다는 결론에 도달하게 된다. 개신교 감리교는 자본주의 정신을 자신의 윤리 체계와 조화시키려고 노력하고 있음을 발견할 수 있다. 감리교와 자본주의 정신은 상충할 수도 있지만, 개신교적 윤리와 사회적 개혁을 중시하는 감리교 신자들은 자본주의 체제에서도 도덕성과 사회적 책임을 고려하는 방향으로 연결되는 것이다. 그 구체적 특색은 다음과 같다. 첫째, 만인구원론이다. 개인에 따라 구원이 예정되어 있다는 칼뱅의 조건부 구원관을 거부하고, 하나님을 믿으면 누구나 예정에 관계없이 구원을 받는다는 주장이다. 둘째, 하나님에 대한 개인적 체험신앙이다. 이 체험신앙은 웨슬리의 올더스게이트(Aldersgate)에서 나온 핵심적인 원리이다. 예수 그리스도가 온 인류의 구세주라는 추상적인 신앙이 아니라, 그가 내 죄를 위하여 대신 죽고 부활한 구세주임을 확인하고 감격하는 신앙이 강조된다.

셋째, 인간의 자유의지를 중시한다. 인간이 하나님의 피조물이기는 하나 인간에게는 자유의지가 있으므로, 구원문제에 있어서도 하나님의 일방적 의사나 행동으로서가 아니라 인간의 결단이 요구된다고 믿는다. 넷째, 감리교회는 교리를 노래와 찬송으로 고백한다[4]. 다섯째, 평신도들에게 교회를 개방한다. 평신도

126

전도인 제도와 야외전도·순회전도에 평신도들을 선교에 동참시켜 평신도들의 역량이 최대한으로 발휘되게 한다. 여섯째, 기독자의 완전을 추구한다. 웨슬리의 관심은 완전에 관한 이론전개에 있는 것이 아니라 그 실천에 있는데, 도덕적 완전이 아니고 사랑의 완전을 의미하는 것이다. 일곱째, 교육을 중요시한다. 자녀들을 그리스도의 말씀으로 훈육하고, 그들로 하여금 예수 그리스도를 본받게 하며, 그리스도의 장성한 인격으로 훈련시킬 것을 강조한다.

여덟째, 사회적 관심을 고양시킨다. 웨슬리는 고아·노인·빈민·노동자들의 영혼 구원뿐만이 아니라 그들의 실생활에 대한 복지에 큰 관심을 가지고, 이를 위한 사회제도의 개선을 역설하였다. 즉, 노예제도의 폐지, 절제, 미성년자 노동폐지, 8시간 노동제 엄수, 대금업 폐지 등 사회개혁운동을 일으켜 산업혁명에 따른 영국의 각종 정치적·사회적·경제적 갈등 해소에 크게 이바지했다. 아홉째, 교회연합정신을 강조한다. 남북전쟁으로 인해 남북으로 갈라진 미국의 감리교회가 웨슬리의 '세계는 나의 교구'라는 말에 따라 점점 일치를 이루어가고 있듯이, 20세기의 교회운동의 하나인 에큐메니칼운동에 적극 참여하여 복음과 봉사를 위하여 연합할 것을 강조하고 있다[5].

---

4 웨슬리의 동생 찰스 웨슬리는 형의 순회전도 때 영감에 넘치는 수많은 찬송가를 작사하고 불러서 감리회 발전에 크게 공헌하였다. 찬양을 중시하는 감리교의 이러한 특징은 강화에서 직포 생산물의 행상판매 시 군중을 모으는데 일조하였다.

3. 강화양명학과 개신교 감리교의 수용

개신교 감리교는 순조로운 강화 정착에 따라 우세종교로서 자리잡게 되었는데 개신교의 이러한 압도적인 우위는 감리교의 전래에 따라 강화양명학의 문화적 선택이 이루어져 재해석 (reinterpretation) 되었기 때문이라고 주장한 바 있다[6]. 개신교 감리교와 강화양명학의 문화요소 중 첫째 교육의 '서원'과 '의숙', 둘째 사회적 관계의 '신분제폐지'와 '만인평등', 셋째 사상의 '만물일체'와 '보편신', 넷째 정신적 목표의 '심학'과 '개인체험', 다섯째 실천분야의 '사회적 관심'과 '실학'이 서로 일치하는 양상을 보이고 있어 강화양명학자들은 감리교를 자신의 방식으로 재해석하여 감리교를 수용하였던 것이다.

이를 자세히 논의하면 다음과 같다. 첫째 전통시대의 강화양명학자는 교육을 중시하여 많은 유학자들은 사립중등학교인 서원과 공립중등학교인 향교에서 자녀들이 수학하기를 원하였다. 감리교도가 된 유학자들은 학교 교육에 적극적이었다. 유교에서 감리교로 개종한 홍의교회의 박능일 전도사는 서당에서 한학을 가르쳤던 경험을 살려 1901년 교회부설 '잠두의숙'의 초대 숙장 (교장을 일컬음)이 되었다. 잠두의숙, 제일합일 남·여학교, 보창학교, 광창학교 등이 연이어 감리교회에 의하여 개교되었으니

5　니니안스마트(윤원철 역), 2004.
6　옥한석(2014).

신앙교육과 민족의식교육이 이루어지게 되었다. 둘째 강화양명학의 신분제폐지는 실제로 전통사회에서 실현되지 못하였지만 감리교의 만인평등 사상은 자연스럽게 교인들 사이에 수용되어 구체적인 실행으로 나타났다. '일자 돌림', '신자돌림'의 이름이 부자지간, 형제지간에도 사용되어 '그리스도 안에서 한 형제'가 되었음을 서로 확인하였던 것이다. 개신교 감리교도들 간에도 '곡', '재' 자돌림을 하였던 것이다. 박능일, 김경일, 김봉일, 권신일, 종순일, 정천일, 주광일 등 초대 일곱 교인들은 성경 속의 능·신·경·순·천·광 등이 선정되고 성과 일자를 조합하여 작명하였다. 물론 부자 간, 손자 간에도 일자 돌림을 사용하기도 하였다.

셋째 강화양명학에서 말하는 '치양지(致良知)'를 통해 대인이 되면 자신의 마음과 모든 사물 및 타자를 하나로 여기는 만물일체의 단계로 이행하게 되고 이는 자연현상을 이끄는 영적 존재의 필요성 등의 근거가 생겨 하나님의 존재를 인정하게 된다는 것이다. 넷째 개인의 신앙체험을 중요시하며, 모든 교회활동과 사회활동이 시작된다고 하는 감리교의 전통은 양명학의 심학과 일치를 보여 수용이 순조로웠다고 보여진다. 둘 다 체험적 신앙 성격이 지배적인 신앙형태였던 것이다. 다섯째 강화양명학자들이 "농포의 산업이나 사양의 일이라도 몸소 일하는 것을 부끄럽게 여기지 말고 아래 사람과 함께 일하고 사대부의 모양을 없애어 안으로는 사로서의 행실을 품어 마치 안에는 옥을 품고 있어도 겉에는 갈옷을 입어 감추고 있는 듯이 하라"고 권하는 말에서 알 수 있듯이 허위와 가식을 배격하고 진실을 추구하는 자세가 중요하다고 한 양명학의 입장이 감리교의 실생활에 대한 복지와 이를 위한 사회제도의 개선의 중시와 일맥상통하였다고 하겠다.

강화양명학의 문화요소와 개신교 감리교의 문화요소 중 교육, 사회적 관계, 사상, 정신적 목표, 실천분야 등이 선택되고 재해석되어 문화접변(acculturation)이 나타나고 감리교가 강화군 내에서 단시간 내에 소규모의 마을로 빠르게 확산되었다. 초기의 상이한 '가신과 사당', '노래와 찬양' 문화요소도 오히려 긍정적으로 작용하여 '가신과 사당' 대신에 '교회'가 자리하면서 친족의 수호신이 되었고 '노래와 찬양'은 여성들의 입에 오르내리어 오히려 감리교의 수용에 유리하게 작용하였다. 1910년의 장흥리 장흥교회의 경우가 그러하다. 강화중앙교회에서 세례를 받고 19세에 장흥리의 경주 김씨 집에 시집온 경주 최씨(1933년생)는 '노래와 찬양' 때문에 김씨 씨할머니의 사랑을 받아 자신의 남편까지 개종시킨 다음 장흥리의 함안 조씨 교회를 계승하게 되는 과정이 그러하다[7].

강화섬에는 그동안 유지되어 오던 친족공동체가 감리교에 의하여 더욱 강화되고 오늘날 교회가 법정리에 다수 존속되는 결과를 가져오게 되었다. 예를 들어 개신교 감리교의 강화도 전래와 문화변동이 이루어진 석모도의 삼남교회, 석포교회, 항포교회, 송가교회, 석포교회에서 각각 제주 고씨, 문화 류씨, 청주 한씨 등의

---

7 옥한석(2014).

특정 동족이 교인의 다수를 차지한다. 송해면의 송해교회는 유창
덕, 유창록, 유익상, 유도상, 유문상 등 유씨 일가로 이루어진 교회
이었다[8]. 이들 일족은 1962년 강화중앙교회로 출석하고 1965년
기도처 설립 후 1969년 교회를 세웠다. 감리교회당의 분포는 전체
법정리 96개 중 85개 법정리에 교회당이 들어서게 되고 이중 25개
리는 2개 이상의 교회당이 들어서 있다[표 1]. 둘 이상의 교회당이
있는 법정리와 교회수를 소개하면 강화읍 갑곶리 3·국화리 3·
관청리 3·신문리 2, 불은면 삼동암리 2·삼성리 2, 길상면 선두리
4·온수리 3·초지리 3·길직리 3·장흥리 2, 화도면 내리 2·여차
리 2, 양도면 길정리 2·도장리 2, 내가면 오상리2·외포리 2,
하점면 신봉리 2·망월리 2, 양사면 덕하리 2·북성리 2, 송해면
하도리2·상도리 2, 삼산면 석모리 2, 서도면 주문도리2 등이다.
행정구역별로 보면 강화읍 16, 불은면 10, 길상면 17, 화도면 11,
양도면 10, 하점면 10, 교동면 13 등이다.

[표 1] 강화군의 행정구역과 교회당 수

행정 구역	법정리수	자연촌	교회당 수	다수의 교회당이 있는 법정리수	세대수	교회당 세대수
강화읍	9	29	16	4	7,689	480
선원면	7	26	7	0	1,474	210
불은면	8	22	10	2	1,393	139
길상면	6	23	17	4	1,947	114
화도면	9	23	11	2	1,410	128

8 이은용(2011), pp.365~366.

양도면	8	28	10	2	1,348	134
내가면	5	17	7	2	1,230	175
하점면	8	25	10	2	1,660	166
양사면	5	21	7	2	748	106
송해면	7	26	9	2	1,277	141
교동면	13	39	13	0	1,409	108
삼산면	7	24	8	1	923	115
서도면	4	10	5	1	313	62
합계	96	313	130	26		

(출처: 옥한석, 2014, p.713 재인용)

　　교회당 세대수를 보면 강화읍을 제외하고 교회당 세대수가 100세대 정도이다. 혼합주의(syncretism)의 문화변동에 따라 강화지역 감리교 교인들은 자신의 이름을 '일자 돌림' '신자돌림'으로 개명하였고 이는 강화지역 선교 초기 기독교인의 신앙적 특징이라고 하였다. 일자 돌림으로 개명한 교인의 수가 61명이며 출신교회도 홍의교회, 교동교회, 강화중앙교회, 망월교회, 송가교회, 정포교회, 둔곡교회, 고부교회, 장종도 옹암교회, 삼산교회, 장곶교회, 문고개교회, 건평교회, 돗모로교회 등 다수였다. 부계혈통을 중심으로 한 가족관계가 기독교 신앙에 의하여 갈등을 일으킬 수 있지만 감리교인들이 '일자돌림'이나 '신자돌림'을 사용하여 '주 안에서 한 형제됨'을 다짐하게 하였다. 강화에 감리교가 양명학적인 토양 위에 빠르게 전파되는 과정에서 나타날 유교 전통의 문중 의식이 기독교적 공동체로 대체되었던 것이다. 팔머가 종교적 신념이 가족관계를 우선시한다고 한 점이 이를 두고 말한다[9]. 하지만 시간이 지나갈수록 종교가 사회화되는 기초적인 일차 집단인 가족 관계가 특정 문중의 사유화현상으로 바뀌게 된다는 견해가 그것이다.

강화지역은 양명학적 뿌리가 긍정적으로 작용하고 개명을 통해 부자간에, 이웃 간에 공동체를 유지하는 탁월한 선교 전략에 의하여 감리교 개신교가 수월하게 수용되지만 도시화되면서 자동차 및 도로교통이 발달하였음에도 불구하고 강화전역에 100개가 넘는 감리교회당이 분포하게 된 사실은 교회가 특정 문중의 사유화하는 경향을 보이게 되므로 강화지역의 감리교 전래는 강화양명학의 문화선택에 의하여 문화접변(acculturation)이 이루어졌지만 집안을 중시한 유교적 공동체가 기독교적 공동체로 완전히 동화(assimilation)되었다고 보기 힘들며 종교적 혼합주의(syncretism) 양상을 띤다고 하겠다[10].

개신교 감리교의 주일학교는 근대교육기관으로 자리잡으면서 전통 유학의 향교나 서원을 대신하는 교육기관으로 자리잡았다. 의숙 또는 보창학교는 자강과 자주를 기치로 하여 설립되었는데 감리교로 개종한 이동휘에 의하여 설립된 보창학교는 근대적 교육기관으로 일익을 담당하였고 양명학자인 이건승이 설립한 계명의숙도 한문서당이 아니라 근대적 학교로 변신하였다. 강화양명학자들은 향교와 같은 교육기관에 의존하지 않고 가학(家學)으로 부자지간에 이념이 전승되어 왔는데 이들이 의숙이

---

9   Meredith B. McGuire(1997), p.56.
10 옥한석(2014).

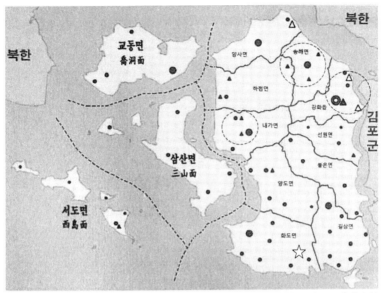

(▲△ 보창학교 14교, ●◎○ 감리교회 51개, ☆ 계명의숙)

[그림 13] 보창학교와 감리교회 및 계명의숙의 분포, 1894~1910(출처: 김성학, 2014, p.36의 그림2 재편집)
감리교회당은 13개 면에 산재하며 보창학교는 주로 섬의 북부지역인 하점면, 송해면, 내가면, 강화읍 등에 집중한다. 직물조합장이 된 김동식은 보창학교의 영향으로 사립 봉명초등학교를 하점면 봉명리에 세우고 후일 하점초등학교 연습림(산39 번지) 등을 1930년에 기증하였다.

라는 근대교육기관을 채택한 일은 혼합주의의 또 다른 양상이라고 보겠다. 1910년 이후 의숙으로 명명되어 교육받은 이들 강화 양명학자들의 일파는 만주나 독립운동가의 길을, 일파는 교육자의 길을, 나머지 일파는 실업가 등 사회인의 길을 걷게 되었다. 전통 유학은 향교에서 공자와 그 제자들을 성현으로 제사를 지내었는데 이러한 의식이 완전히 사라지게 된 것이다[그림 13].

V
강화의 지주제 경영과 성격

1. 농지확장과 지주제 경영

강화양명학과 개신교 감리교의 문화접변에 의한 근대적 생활 방식의 등장은 농업 활동에 상당한 영향을 미쳤는데 무엇보다도 지주–소작관계의 갈등을 완화시켰다. 개항 후 강화지역의 지주들은 미곡무역을 적절히 이용하였으며, 미곡 상인들도 농촌에서 미곡을 수매하여 이를 다른 지역상에 전매함으로써 부를 모았다. 이들은 다시 토지에 투자함으로써 대지주가 되는 정도였다. 강화의 일반 주민들은 대부분 농업에 종사하였는데 우리나라에서 다섯번째로 큰 섬이며, 토지면적은 총 41만 732㎢으로 그 중 논이 12만 8582㎢, 밭이 3만 9444㎢, 농경지 합계가 16만 8026㎢이다. 1926년 당시 경지면적은 논이 1만 1699ha이고, 밭이 4357ha, 합계 1만 6056ha였다. 상당히 넓은 농경지에서 벼농사를 중심으로 한 대지주 경영이 이루어지고 있었다. 벼농사 중심의 지주 경영이 이루어지게 된 것은 강화섬이 긴 역사 속에 벼농사의 간척지

개간이 지속되었으며 간척을 위해서는 대규모 노동을 동원할 수 있는 세력집단만이 가능했기 때문이다.

강화는 조선시대부터 수로를 통하여 지방의 물자를 서울로 대량 수송하는 수로 유통경제의 중심지였는데, 특히 인천이 개항되면서 경기지역 주요 쌀생산지인 강화는 미곡상인들이 미곡을 수매하여 개항장 미곡무역상에게 전매하기에 가장 용이한 지역으로 부상되었다. 국내외의 유통경제의 발달과 깊은 관계가 있는 강화지역의 지주경영은 한말·일제하 지주제 변동문제와 관련하여 강화 김씨나 강화 홍씨가 등의 지주경영에 대해서 일찍부터 주목되어 연구되었다[1]. 이들 지주들의 농업경영은 기본적으로 전통적 지주제 형태를 취하였으며, 일제의 침략과 더불어 농민에 대한 수탈이 심하였다. 1920년대 들어 일제가 산미증식계획을 실시하면서 지주들은 일본 자본주의 체제 하의 지주로 재편성되었으며, 식민지 농업정책의 비호하에 확대·발전되었다. 반면 일제 하 절대 다수의 농민층은 농업생산비는 물론이고 생활비마저 잠식당하는 고율의 지대에 허덕였고 결국 농가 경제의 파탄은 피할 수 없는 현상이었다. 이들 농민들은 생계보충을 위한 외지벌이에 나서거나 그것도 여의치 않을 경우 결국 고리대에 의존하는 채무농으로 전락하였다. 고율의 소작료를 지불해야만 했던 이들 소작농들은 평균 1ha 미만의 영세한 경작지를 가족 노동력으로 충당하고 있었으며, 그에 따라 자작농을 포함

---

1 김용섭(2000); 홍성찬(1981).

한 대부분의 농민들은 '반실업 농민'이었다. 일제하 강화지역의 농촌사회의 실정도 만성적인 빈궁화가 진행되었으며, 광범한 춘궁농가가 이를 말해주었다.

강화는 비록 도서지역이지만 토지가 넓어 소작보다는 모두가 자작이라면 그 소출만으로도 이 지역 농민들이 3년을 먹고 살 수 있다는 면적이다. 그렇지만 경작지의 대부분은 소작농에 의해 경작되었고, 지주들은 고율 소작료를 징수하고 있었다. 강화지역 지주들은 자경지를 경작하는 경우도 있었지만, 대부분의 농지를 고율소작료에 의지하는 소작제로 경영하고 있었다. 1926년 당시 강화의 총경지면적은 논이 1만 1699ha이고, 밭이 4357ha, 합계 1만 6056ha였다. 그 가운데 자작지의 비율은 41.2%였고 소작지의 비율은 58.7%이다. 강화지역은 한반도의 남부 지역보다는 자작지의 비율이 높은 편에 속하였다. 약 60%의 경지는 소작농에 의해 경작되고 있었고, 이들 경작지를 소유한 지주들이 광범위하게 존재하고 있었다[그림 14]. 특히 강화는 논의 비율이 높은 벼농사 중심의 소작이었다. 김씨가의 경우 농지경영의 규모는 밭농사에 대한 벼농사의 비율이 20:80, 10:90이었고, 홍씨가의 경우에는 비율이 3:97, 5:95로 그 격차가 더욱 컸다.[2] 그렇기 때문에 일제하 강화에는 벼농사를 지주제로 경영하는 지주층이 광범위하게 존재하고 있었다.

---

2 홍성찬(1981), p.87.

[그림 14] 1960년대 어느 농가 앞의 벼 재배(출처: 『강화의 어제와 오늘』, 2008, p.137)

[표 2] 일제 강점기(1937) 대지주명부 (『신편강화사』 재인용)

(단위: ha)

이름	주소	논	밭	합계	소작인수
강진구	경성부	25	2	27	58
김세욱	경성부	23	11	34	57
김건철	인천부	38	5	43	97
공성초	개성부	29	2	31	93
김수원	개성부	59	2	61	62
한명석	개성부	143	0	143	180
김영수	고양군	28	16	44	61
장귀환	진위군	18	2	20	53
장봉환	강화군 양사면	24	6	30	75
황덕주	강화군 하점면 부근리	25	7	32	130
김용직	강화군 내가면 오상리	26	6	32	65
심훈택	강화군 길상면 선두리	28	4	32	46
홍재롱	강화군 부내면 신문리 161	29	3	32	52
최영의	강화군 양사면 철산리	32	2	34	130
송순봉	강화군 부내면 관청리 460	29	7	36	258
이종연	강화군 하점면 이강리 864	34	2	36	150
이동승	강화군 하점면 신봉리 255	35	3	38	120
이종면	강화군 하점면 이강리 864	34	2	36	150

장원규	강화군 부내면 신문리	33	6	39	188
김현식	강화군 하점면 신봉리 734	23	18	41	100
곽성재	강화군 양사면 인화리	39	2	41	115
김재순	강화군 교동면 읍내리	39	3	42	100
황우형	강화군 부내면 신문리	40	5	45	230
김제창	강화군 선원면 금월리	43	3	46	150
박동섭	강화군 송해면 숭뇌리	51	6	57	120
김학제	강화군 하도면 사기리	55	12	67	234
조정환	강화군 내가면 오상리	59	9	68	204
홍두섭	강화군 부내면 신문리	81	8	89	477
조정룡	강화군 교동면 삼선리 366	106	9	115	120
김유영	강화군 교동면 동산리 693	132	14	146	230
김용환	강화군 길상면 온수리	143	23	166	142
홍재준	강화군 부내면 신문리 153	172	11	183	973
홍재묵	강화군 부내면 신문리 161	170	10	180	1021
김우중	강화군 길상면 온수리	289	42	331	715
진명여학교	경성부 효자정	218	98	316	1865
이와이 후지사부로 (岩井藤三郎)	인천부 산수정 3-5	86	3	89	92
기타지마 고로 (北道五郎)		31.2	0.3	31.5	(1922년 말)
야마자키 도고 (山崎獨)	강화군 수정면	93	1	94	(1931년 말)

[표 2]는 1937년 6월말 당시, 30ha 이상 소유한 한국인 및 일본인 대지주 명부이다. 강화지역 지주의 특징은 남부의 다른 지역과 달리 일본인 농장 및 농업회사가 소유한 토지가 많지 않다는 점이다. 강화에 거주하는 한국인 지주로는 장봉환(30ha), 황덕주(32ha), 김용직(32ha), 심훈택(32ha), 홍재룡(32ha), 최영의(34ha), 송순봉(36ha), 이종면(36ha), 이동승(38ha), 이종면(36ha), 장원규(39ha, 부내면 협의회원), 김현식(41ha), 곽성재(41ha), 김재순(42ha), 황우

형(45ha), 김제창(46ha), 박동섭(57ha), 김학제(67ha), 조정환(68ha), 홍두섭(89ha, 강화금융조합장), 조정룡(115ha, 금융조합이사), 김유영(146ha), 김용환(166ha), 홍재준(183ha, 강화소방조두), 홍재묵(180ha), 김우중(331ha) 등이다. 100ha 이상인 홍재준, 홍재묵은 홍두섭과 함께 홍씨 최대지주를 형성하였다. 평해 황의 황덕주와 창원 황의 황우형의 경우 선조가 조선 왕조로부터 공을 세워 높은 벼슬을 한 집안의 후손 임을 생각하면 지주들은 지배 유학자임이 사실이다.

또한 강화에는 서울 등 경기도 각 지역의 외지지주도 적지 않았다. 1937년 6월말 현재, 30ha 이상의 지주로서 서울에 사는 강진구·김세욱, 진명여학교(316ha), 인천에 사는 김건철(43ha), 개성에 사는 공성초(31ha)·김수원(61ha)·한명석(143ha), 고양에 사는 김영수(44ha), 평택에 사는 장귀환(20ha) 등이 있었다. 일본인 지주로는 인천에 살며 강화군 수정면에 사무소를 둔 이와이 후지사부로(岩井藤三郎) 89ha, 기타지마 고로(北道五郎) 31.5ha, 야마자키 도고(山崎獨) 94ha의 농장이 존재하였다[3].

한편, 소작 위주의 대지주들은 상업적인 작물 재배의 자본주의적 경영은 이루지 못하였다. 일제하 지주명부에 나타나는 지주들의 소작인은 진명여학교의 경우 316ha의 토지에 1,865명의 소작인이 소작을 하고 있었고, 홍재묵의 경우 180ha의 토지에

---

3 농장주 야마자키 도고는(山岐獨)은 1927년 4월 창립 때 150ha였으나, 1931년에는 189ha가 되었다.

140

소작농 1,021명을 거느리고 있었다. 위의 표에서 보면 총지주 38명의 총경지면적은 2926.5ha이며, 36명의 한국인 지주의 총 경지면적은 2,802ha였다. 이들 경지에서 소작하는 소작농의 수 는 8,913명으로, 평균 소작 경지면적은 0.314ha였다. 이들 소작 농들은 대개 1ha 이하의 토지를 경작하고 있었던 것으로 보인 다. 또한 지주 1명에 소속된 소작농은 최다 12명, 보통 3~4명 정도였으며, 소작지의 면적은 최대 5.6ha 최소 0.3ha이고, 보 통은 1ha였다. 강화 홍씨가의 예에서 보다시피, 소작농 1가호 당 평균 경작면적은 결부로 14부 7속, 두락으로는 11.6두락이었 다. 차경하는 소작인은 약 53.6%가 10두락 미만이었다[4]. 이를 볼 때 강화지역 소작농은 소규모 토지를 경작하고 있었음을 알 수 있다. 소작농 가운데에도 고용원을 두고 최대 5.6ha(논: 55 반, 밭: 1반)를 경작하고 있는 경우가 있었는데 가족이 8명이고, 2명의 고용원을 두고 있었다. 이들 소작농들은 대규모 임차를 하여 상업적인 작물을 재배하려는 시도는 하지 못하였는데 주로 식량 생산에 의존하였기 때문이다.

일제 침략 이후로 농업경영상의 가장 큰 특징은 소작계약의 체결이 관행이 아닌 소작증서가 등장하였고, 대부분의 일본인 농업회사·농장에는 증서에 의한 소작계약이 체결되었다. 한국 인 지주들도 이전부터 전개되어 오던 구두계약 대신에 증서에 의해 엄격한 소작 조건이 제시되었다. 문제는 이런 소작증서가

---

4 홍성찬(1981), p.90.

지주에게만 유리한 편파적 조건만 나열되었기 때문에 약자인 소작농은 지주가 강요하는 증서에 서명할 수 밖에 없었다. 하지만 강화의 경우에는 1930년대 초까지 구두계약이 92.4%, 소작증서계약이 7.6%로 여전히 이전의 방식대로 소작계약이 이루어지고 있었다. 소작증서로 계약할 때는 대부분 소작기간이 정해지기 마련인데, 강화지역의 경우는 증서계약이 적었기 때문에 대부분 부정기소작이었다. 즉 논과 밭 모두 부정기소작이 95%, 정기소작이 5%이며, 과수원의 경우는 정기소작이 겨우 1%를 차지하고 있었다[5].

홍씨가의 경우에는 논에서는 타조, 밭에서는 정조(定租)와 타조(打租)가 병용되고 있었다[6]. 정조란 흉풍과 관계없이 매년 정한 비율이며 타조는 수확량에 따라 정해진 비율이다. 소작료율은 정조가 최고 75%, 보통 40%, 최저 25%였고, 타조의 경우 최고 75%, 보통 50%, 최저 40%였고, 잡조(雜租)의 경우 최고 60%, 보통 50%, 최저 40%였다. 강화의 지주들은 소작료로 타조와 집조는 50%, 정조는 40%를 받은 것으로 나타나고 있다[7]. 논의 소작료 반당 수량 및 생산고에 대한 비율은 소작료 징수방법에 따라 약간의 차이는 있지만, 정조의 경우 1925~1930년 평균 소작료는 보통

---

5 김용섭(2000), p.72.
6 홍성찬(1981), pp.91~92.
7 당시 다른 지역의 소작료는 논의 경우 타조(打租)가 91%, 정조(正租)가 7%, 협정도조(協定賭租)가 0.7%, 검견(檢見)이 1.3%였다. 밭의 경우에는 정조가 70%, 타조가 30%로 정조가 차지하는 비율이 높았다.

1.12석이었고, 타조는 2.50석, 집조는 2.50석이었다. 소작쟁의의 대상으로 등장하는 각종 공과금도 수취방법에 상관없이 모두 80전이었다. 종자의 경우 경기도에서는 일반적으로 정조법의 경우 소작인이 부담하고, 나머지는 첫 해의 첫회만 지주가 부담하며 그 다음해부터 종자량을 따로 분배해 두었다. 비료대는 판매비료는 전액 소작인이 부담하였다. 소작료의 수취방법은 대부분이 현물납이 99.5%이었고, 대금납은 0.4%, 금납은 0.1%였다. 이는 강화지역 지주들이 쌀을 상품화하기 위해 현물로 소작료를 수취하고 있었다.

강화지역은 개항 이후 격심한 변동이 있었지만, 일본인들의 진출이 비교적 적었기 때문에 봉건적인 지주-소작관계를 유지하고 있었다. 소작농에 대한 수취율 역시 전국의 다른 지역과 유사한 평균적인 수취가 행해지고 있었다. 일제하 농민들은 대부분 가난한 소작농들이었다. 평균 1ha 미만의 영세한 토지는 가족노동으로 경작하고 있었으며, 전 인구의 80%를 차지하는 농민들은 동물적 생존조차 위협을 받고 있었다. 왜냐하면 이들은 지주에게 50%가 넘는 고율의 소작료를 지불해야 했고, 이외에 종자대·비료대·농기구대 등의 농업경영비와 구채(舊債)·수리조합비(水利組合費)·공과금 등의 각종 세금을 내야 하고, 이외에 생필품을 구입해야 하기 때문이었다. 이처럼 일제하 농촌사회는 농민경제의 만성적인 빈궁화였으며, 농가경제의 파탄은 피할 수 없는 현상이었다. 소작농들은 자신들의 권익을 옹호할 소작인단체를 조직하여 소작쟁의로 대응하였으며, 지주들은 일제의 권력과 결탁하여 소작운동을 탄압하였다.

그러나 일제하 강화지역에서는 대규모 소작쟁의가 거의 발생되지 않았다는 점이 가장 두드려지는 특징이다. 1920년대 전반기 전국적으로 소작쟁의가 격렬하게 일어났음에도 불구하고 강화에서는 1925년 중반까지 소작인의 권익을 옹호할 만한 어떠한 단체도 없었다. 즉 당시의 신문기사에도 강화에서 소작농조합이나 혹은 노농조합 같은 것이 생기지 않은 것은 "차(此)를 민지(民智)가 발달되지 못하였다할런지, 불연(不然)이면 지주대 소작인 관계가 원활하다할런지 여하간 평온한 상태"라고 표현하고 있을 정도였다[8]. 아무튼 1920년대 중반까지 강화에는 소작농들의 권익을 옹호할 단체가 존재하지 않았다. 그러다가 1925년 9월 5일 길상면 온수리의 이중균(李仲均)·김수명(金壽命) 등에 의해 길상농우조합이 창립되었다. 길상농우조합의 조합원은 200명이었지만 1926년 중반까지 특기할 만한 것이 없었다는 당시의 기록으로 보아, 강화지역 유지들은 계몽적인 성격의 단체를 창립하였다고 보여진다.

소작쟁의는 1920년부터 1939년까지 20년간 14만 969회 발생하였다. 소작쟁의는 소작농의 비율이 높았던 지역에서 빈발하였다. 1920년대 다른 지역과 농업조건이 비슷한 강화지역에서는 소작운동이 일어나지 않았다. 전국적으로 소작쟁의가 빈발하던 시기에 강화지역에서 소작쟁의가 발생하지 않은 이유에 대해 중

8　『신편 강화사』 재인용.

앙의 신문기사는 "단 특필할 것은 전조선적으로 침범한 마물(魔物) 동척(東拓)이 아직 들어오지 아니한 것"이라고 분석하고 있다. 강화에는 동척과 같은 대규모 일본인 농장이 들어오지 않았기 때문에 소작쟁의가 없었다는 것이다. 또한 강화지역 지주-소작관계는 점점 소작농의 권리가 상승되었고, 지주들의 폭압적 수탈이 비교적 약했기 때문이다[9]. 일제하 소작쟁의 발생 원인을 보면 소작권 박탈 또는 이동이 가장 많았고, 그 다음이 소작료 문제였다[10]. 그리고 이 외에 간접 소작료로 볼 수 있는 지세 및 공과금 관계, 비료대금문제, 소작료 사정관계가 전 기간을 통해 부각되었다. 소작쟁의의 발생원인에 대한 대책으로 당시 다음의 7가지를 들고 있는데,

  첫째, 소작료는 5할로 할 것.
  둘째, 지세와 일체 세금은 지주가 부담할 것.

---

9 예컨대 1924년 7월 홍수로 부내면 관청리와 신문리간에 석교(石橋) 3개가 파괴되었는데, 이때 강화 홍씨가의 지주인 홍두섭(洪斗燮)이 공사비 1,850원을 자담하여 건설하였으며, 홍수 당시 빈민에게 동정미(同情米)도 많이 나누어 주어 근래 유산가로서 드문 일이라고 강화군민들이 찬양했다고 한다. 이로 보아 강화지역의 지주들은 소작인을 가혹하게 수탈하지 않았기 때문에 커다란 소작쟁의가 발생하지 않았다. 선진적 지식층에 의해 주도되는 사회운동이 다른 지역보다 활발하였던 것도 하나의 이유가 될 수 있다.

10 姜薰德(1981), pp.104~105. 특히 소작권 이동이 많은 곳은 경작지가 많고 일본인 영농회사의 농장이 있는 곳에서 소작권의 이동이 심하였다. 도별로 소작권 이동을 살펴보면 전라남도의 경우는 전체의 26.2%를, 동척소유지가 가장 많은 황해도에서는 전체의 13.1%가 소작권 이동이 원인이 되어 소작쟁의가 발생하였다.

셋째, 비료와 종자는 지주가 부담할 것.

넷째, 소작농물의 운반은 농작물 소재지에서 5리까지는 소작인이 운반하고 그밖은 지주가 부담할 것.

다섯째, 마름제도의 폐지.

여섯째, 계약연한은 10년 이상으로 하고 소작인으로서의 토지의 수선비는 지주가 갚을 것.

일곱째, 수재나 한재로 수확이 없을 때는 당연히 소작료를 면제 또는 감할 것.[11]

위의 7가지 조건이 당시 한국 농민들의 최소한의 요구조건이었다. 소작쟁의의 가장 큰 문제는 첫 번째 원인인 소작료율을 둘러싼 소작권 이동으로 인해 소작권의 안정을 보장할 수 없었기 때문이다. 하지만 강화지역에서는 1920년대 들어 소작권 이동이 1910년대 그것보다 훨씬 감소하고 있었다. 강화 홍씨가의 사례에서 알 수 있듯이 1926·1927·1928년 동일 농지에서의 소작권 변동율은 겨우 2.3%에 불과하였고, 1호당 평균경작면적도 증가하고 있었다. 이 때문에 1920년대 소작쟁의가 전국적으로 진행됨에도 강화지역에서는 별다른 소작쟁의가 발생하지 않았다. 두 번째의 원인인 지세공과금 문제도 다른지역에서는 1920년대 소작쟁의를 통해 공조공과금은 지주가 부담하고 있었으나, 1930년대 초반까지 강화지역에서는 공조공과금은 정조·타조·잡조를 불문하고 소작인

---

11 『신편 강화사』 재인용.

이 80전을 부담하고 있었다.

세 번째 비료대와 종자대의 부담도 다른지역과 마찬가지로 강화에서는 서로 반분하고 있었다. 네 번째 소작료의 운반료 문제도 1930년 이전까지 강화지역의 소작농들은 소작료를 납부할 때 지주집까지 무상으로 운반하고 있었다. 1930년 지주간담회에서 소작료는 2리까지만 무상으로 운반해 주고, 그 이상에 대해서는 운반비를 주기로 하였다. 다섯째의 소작쟁의의 주요 원인이 되었던 것이 마름제도이다. 마름은 지주와 소작인의 중간에서 부정한 방법을 통해 소작인을 착취하고 있었다. 마름은 소작인에 대한 농사독려 및 관리를 맡고 있었으나, 대부분의 마름은 특별한 보수가 없었다. 하지만 지주와 소작인의 중간에서 최량의 토지를 빌려 경작하고 소작권 변동 등에 대한 권리를 가지고 있었다. 그렇기 때문에 강화에서도 마름은 그 권한을 남용하여 소작인에게 고통을 주었다. 1930년부터 부정한 마름은 군 당국에서 발견하여 지주에게 통보하면 지주는 농회장과 상의하여 조처를 취하기로 하였다.

이 외에 소작인들은 추수기에 소작지를 관장하는 타작관에게 소작농가마다 매 1호당 약 21승씩의 간색조(看色租)를 지불해야만 했다. 강화지역 농민들은 부족한 수입을 보충하기 위해 부업을 하였는데, 가장 일반적인 부업으로는 양잠, 가축사육, 가마니짜기, 기직업(機織業) 등이다.[12] 겨울철에 주로하는 짚공예는

---

12 특히 기직업은 강화 부업 중에 가장 발달되어 있었다.

농가수입에 큰 도움을 주었다. 하지만 소작농들은 농가부업에 필요한 짚[藁草]의 절반을 바치는 것이 강화지역의 관습이었다. 홍씨가의 사례처럼 짚[稻束]과 모속(牟束), 대두(大豆)도 분반되고 있었다. 농민들은 부업을 하기 위해서 필수적인 짚도 지주들에게 구입해야만 했다.

조선노동공제회 「선언문」에도 "현금의 소작제도는 각 지방을 따라 불일(不一)하지마는 대체로 보면 수확한 곡물의 반부(半部) 이상의 소작료는 상례로 되고 그 밖에도 지세, 비료대가 사용료, 소작료 두량과다(斗量勣多), 수리세, 출포료 등을 일일이 정산하면 소작인의 소득은 공(空)이 될 것이다"[13]라고 하여, 1920년대 초반 소작농들은 경제적으로 기아상태에 있었다. 강화지역 소작농의 실상도 마찬가지였다. 소작농은 가옥과 택지를 지주로부터 차입하는 경우가 있었는데 강화의 경우에도 1930년 당시 가옥 및 택지를 차입한 호수가 51호, 택지만 차입한 호수가 2052호나 되었다. 춘궁상태에 있는 농가는 자작농이 84호, 자작 겸 소작농이 840호, 순소작농이 2,897호로 모두 3,821호가 춘궁상태에 있었다. 전체 농가의 2/3가 소작농이었으므로 자신의 농지가 없음에 따른 거래의 자유는 실현되기 어려워 자본주의가 자리잡기는 힘든 상황이었다. 농민의 사유재산이 전무하므로 계약의 자유가 이루어질 수 없었고 오직 노동력만이 계약의 근거였고 이는 공산의 이념이 자리할 수 있기에 충분하였다.

---

13 『신편 강화사』 재인용.

2. 지주제의 성격

강화의 지주(地主)들은 시대 변화에 민감하였는데 미곡판매에
적응하지 못한 경우 몰락하고, 소규모이지만 싸게 매입한 후 비싸
게 판매하는 기회를 가진 경우 새로운 지주로 등장하는 경우가
생겼다. 즉 미곡 상인으로서 농촌에서 많은 미곡을 수매하여 이를
무역상에 전매함으로써 부를 축적하고 다시 토지에 투자함으로써
대지주가 되었다. 강화는 개항장인 인천과 접하고 있었기 때문에
일찍부터 미곡무역이 활발히 전개될 수 있는 조건이 유리하였다.
개항장에는 일반적으로 한국의 미곡과 일본의 면제품을 교환하는
무역체제인 미면교환체제(米棉交換體制)가 형성되어 있었다. 한
국에서 수출된 쌀은 주로 면제품 및 잡화품의 주요 생산지인 오오
사카[大阪]를 중심으로 하는 공업지대의 하층노동자, 도시잡업층
의 주식용으로 공급되었다. 특히 일제는 대량의 미곡반출을 더욱
적극적으로 추진하기 위해 1896년 인천미두취인소(仁川米豆取引
所)를 설립하여 외지로의 투기적 유통을 확대하고 있었다.

강화 김씨가는 개항 이후부터 경영규모가 성장하고 있었으며
1910년대에 들어서면서 강화 지주들은 토지면적을 확장할 뿐만
아니라, 단위면적당 생산을 증대하기 위해 농업개량에도 힘썼다.
강화 홍씨가처럼 대개 벼농사를 중심으로 품종개량과 수리시설의
개선 등을 통해 소출을 증대시키고자 하였다. 1920년대 들어서도
강화 지주들은 여전히 소작제를 유지하면서, 경영지역을 확대해
나갔다. 강화 홍씨가의 경우 1910년대 논이 8,028두락에서 1920

년대 779두락이나 증가하여 8,807두락이 되었고, 반면에 밭은 1910년대 1,125두락에서 71두락이 감소한 1,054두락이 되었다. 밭을 팔고 논을 구입한 홍씨가의 지주경영이 전적으로 쌀수출을 염두에 두고 있었음을 반영한 것이다. 하지만 1920~1930년대에 들어와서는 저미가정책과 농업공황으로 말미암아 미곡수출을 전제로 하는 한국인 지주경영은 성장에 한계가 되었다. 농업공황으로 쌀값이 급격히 하락하면서 농촌은 일대 위기를 맞이하였다. 각종 공과금과 농가부채를 갚지 못하는 농민들이 입도가차압(立稻假差押)·지불명령(支拂命令)·가산차압(家産差押) 등을 당할 수밖에 없었다. 이처럼 농업공황에 따른 쌀값 하락은 농민들의 생활을 암담하게 하였으며, 한국농촌은 급격히 몰락하였다.

농업공황에 직면한 농가경제의 파탄은 극점에 이르렀고, 그 중에서 끼니조차 잇지 못하는 농민들이 속출하게 되었다. 이런 와중에 일제는 농촌구제의 방안으로 산미증식계획과 병행하여 이른바 '세농구제(細農救濟)'라는 미명하에 전작장려계획(田作獎勵計劃)을 실시하였다. 즉 일제는 밭농사의 장려를 통해 식량문제와 농가의 현금수입을 증대시킨다는 명목으로 1931년부터 이른바 '전작개량증식계획'을 추진하였다. 이 계획은 1931년부터 12년간 밭의 면적 85%을 차지하고 있는 밭작물인 맥류(麥類), 두류(豆類), 속(粟) 등의 증산을 꾀하여 또 다른 식량 공급원을 확보하고자 하였다. 1932년말 공황의 여파가 조금씩 사라지면서, 한국농업이 부닥친 문제는 일본 내의 '조선쌀 수입반대운동'이었다. 그동안 일제는 식민지 한국에서 일본내 미곡시장을 겨냥하여 '산미제일주의(産米第一主義)'를 채택하여 왔지만 공황기에 '조선쌀'이 계속 수입되자 일본내에서 '조선쌀 이입반대운동'이 거세게 일어났다. 일본정부는 조선쌀 이입을 막는 입법을 추진하는 한편 총독부로 하여금 조선쌀이 일본에 반출되는 것을 가능한 한 막을 방도를 강구하도록 하였다. 이렇게 되자 총독부에서도 기존의 농업정책을 변경, 조선미 대량생산주의를 재고해야만 했다. 또한 일제는 한국 쌀의 질을 향상시켜 일본시장에서 고가로 거래될 수 있게 한다는 명목하에 조선미 이출을 가능한 저지하기 위한 방책으로, 「조선곡 물검사령(朝鮮穀物檢査令)」(1932.9.24, 제령2호)과 「조선곡물검사 령시행규칙(朝鮮穀物檢査令施行規則)」(1932.9.24, 부령91호)을 발 포하면서 1932년 10월 1일부터 곡물의 국영검사(國營檢査)를 실시 하게 되었다.

이 시기 강화지역 대부분의 지주들은 오랫동안 전하여 오던 봉건적인 생산관계를 완전히 탈피하지 못하였으나 일본의 독점 자본주의 체제에 흡수되면서 기업가적 경영으로 점차 전환되고 있었다. 강화 홍씨가처럼 1936년 3월 강화읍 부내면 신문리에 연건평 700여 평의 3층 건물을 세우고, 기계 50여 대와 자본금 12만 5000원으로 조양방직(朝陽紡織)을 세우고 주로 인조견을 생산하였다. 이것은 토지자본의 일부와 고리대자본을 산업자본 으로 전환한 것이다. 1942년 일본 미쓰이(三井) 산하에서 일하던 이세현(李世賢, 창씨명: 高松世賢)에게 조양방직을 20만원에 인 도함으로써 자본전환에 실패하고 말았지만 1930년대 한국인 지 주들의 농업경영은 몰락한 대지주와 함께 새로운 대지주로 성장하였다. 해방 이후 농지개혁 때 피분배 지주 명단 중 강화지역의 20ha 이상 소유한 지주 22명의 명단[표 3]이 이를 말해준다. 표3 에 보이는 지주는 대부분 일제하의 대지주들이었으나, 새로 부 상한 지주도 있었다. 그 가운데 일부는 자본전환에 실패하였지 만, 강화 홍씨가의 홍재묵·홍재룡 형제와 홍재승, 홍종문 등은 해방 이후에도 대지주였고, 김우중 등도 여전히 대지주로 남아 있었다. 일제하 강화지역의 지주들은 1930년대 이후 약간의 변 동이 있었을 뿐이다.

[표 3] 농지개혁시 피분배지주 명단

(단위: ha)

이름	주소	논	밭	합계	보상석수
오합장	강화면 신문리	11.1	1.3	12.4	2221.7
이복훈	하점면 신봉리	21.9	0.7	22.6	590.5
김정섭	길상면 온수리	20.2	3	23.2	1019.4
황유형	강화면 신문리	22.3	1.5	23.8	859.4
김정중	내가면 오상리	19.6	5.1	24.7	694.2
조규홍	내가면 오상리	23.3	3.6	26.9	735.5
김화춘	강화면 신문리	24.6	3.8	28.4	828.1
조정룡	교동면 삼선리	28.9	0.9	29.8	546.2
김상근	강화면 신문리	28.3	1.8	30.1	1079.9
윤상복	양도면 하일리	27.9	2.4	30.3	1077.5
김유택	강화면 남산리	18.7	11.7	30.4	813.2
김학제	길상면 온수리	25	7.5	32.5	987.5
김태근	강화면 신문리	42.8	1.1	43.9	998
홍종화	강화면 신문리	42.3	2.2	44.5	2180.1
홍재묵	강화면 신문리	41.4	5.8	47.2	1585.2
김근호	강화면 관청리	47.8	1.8	49.6	1477.5
송정헌	강화면 관청리	27.5	31.6	59.1	1546.5
김계창	선원면 금월리	100.3	6.3	106.6	4676.7

홍재용	강화면 신문리	108.8	16.3	125.1	3109.5
홍종화	강화면 신문리	121.1	7.4	128.5	3682.5
홍재승	강화면 신문리	144.1	2.2	146.3	5467.8
김우중	길상면 온수리	235.4	43.7	279.1	7189.5

(자료: 한국농촌경제연구소, 1985, 『신편강화사』 재인용)(20ha 이상의 소유지주)

　　1920년대 강화의 경우 자작겸 소작농과 순수 소작농의 비율이 전체농가의 81%에 달하였다. 1921년 강화에서 50ha 이상의 대지주는 11호였으며 0.5ha 미만의 자작농은 약 7,000호였다. 이러한 극단적 양극화 현상이 전국 농촌의 일반적 현상이었으며 강화도 예외는 아니었다. 이러한 상황은 이른바 농촌진흥운동이 실시되었던 1930년대에도 지속되었다. 특히 「소작조정령」과 「농지령」이 실시된 이후 양극적 쟁의 송사가 빈번하였다. 이처럼 당시 강화 인구의 대부분이 참담한 소작생활을 하였으며, 소작농의 확대재생산은 농촌사회의 경제여건 특히 세민(細民)의 생활을 더욱 악화시키는 촉매제 역할을 하였다. 특히 소작농은 수입의 대부분을 소작료 지불과 차입식량의 변제 또는 부채 원리금 등으로 공제되어 여분의 식량은 거의 없었다. 강화와 인접한 김포군의 소작농과 궁민의 수입은 연 15원의 손실을 보고 있다는 사실에서도 충분히 짐작할 수 있다.

　　대다수 소작농의 경제상태는 오히려 부채의 증가로 인한 궁핍화 현상을 보이고 있었으며 지주 및 관제 금융기관의 착취를 당하고 있었다. 농민의 극단적인 궁핍화는 토지에서의 농민의 유리현상으로 표출되었으며 지역적 이동뿐만 아니라 업종전환도 동시에 수반되었다. 1921년 강화의 경우 자기편의로 101호, 농사실패로 55호, 상업 57호, 공업 및 잠업 44호, 노동 51호, 전부 이농 4호가 전업 또는 이농하였다. 전업·유리 원인은 농작물 감소에 따라 이를 보충하기 위해 일시적으로 단기간 노동에 종사한 경우도 있지만 농사에 실패하였을 때 농민은 자본이 없는 상태에서 도시로 유입될 수밖에 없었다. 근본적 원인으로는 일제의 식민지 농업정책을 들 수 있다. 일제는 식민정책 가운데 원료공급정책 및 본국에 대한 식량보급책을 추진하면서 토지조사사업을 단행하였으며 이로 인하여 조선의 전통적 농촌질서는 파괴될 수밖에 없었다. 이농 인구는 대체로 도시지역의 품팔이꾼이 되거나 해외의 노동시장으로 유입되거나 또는 그대로 농촌의 임노동자로 전락해 갔다[14].

한편 일제는 1930년대 이후 식민지 농정에 대한 근본적인 대책을 강구한다는 명목 하에 '자작농창정계획(自作農創定計劃)'을 세웠으며, 1932년부터 본격적인 사업에 착수하였다. 강화의 경우에는 1932년부터 1934년까지 3년간 40호가 그 혜택을 받았으며, 금액은 1만 8,833원이었다. 약 500호의 소작농 가운데 1% 미만이 참여되어 일제 식민지 농정은 구호에 불과하였다. 특히 일제는 각 지역을 세분화하여 권업사업을 실시하였다. 강화의 경우는 새로운 보리종자의 육종이 힘들다고 판단하여 재래 품종 가운데 적당한 것을 군농회의 위탁으로 실시하였다. 이러한 자

---

14 강만길(1987), p.114.

작농창정계획은 일제가 1920년대까지 식민농정의 폐해를 인정한 상태에서 진행하였으나, 식민지 농촌의 폐해를 근본적으로 해결하는 정책이 되지는 못하였다. 오히려 식민지 정책 수행에 협력하는 인물을 키우는 데 주력하였다. 강화 주민 가운데 대다수 소작농의 경제상태는 오히려 부채의 증가로 인한 궁핍화 현상을 보이고 있으며, 지주계급 및 관제 금융기관에 의해 이중삼중의 착취를 당하고 있었다. 강화주민 중에 목면 직물을 부업으로 삼고 있는 농가가 있어 경제생활에 약간의 향상을 초래할 수 있었다. 하지만 당시 일제는 농가의 부채 증가 원인을 농민들의 전통적인 관혼상제의 과다 지출에 있다고 지적하였다. 농촌사회에서 자작농이 소작농으로 전환하는 것은 농업의 발달을 저해하고 상품 구매력의 감소를 가져와 전반적으로 경제상태를 위축시킬 수 있어 자본주의 발달을 저해하였다.

3. 강화의 지주제와 임차농자본주의로의 부전환

자본주의 경제는 상업자본주의, 임차농자본주의, 산업자본주의 등의 단계를 거치게 되는데 상업자본주의(commercial capitalism)는 무역이나 상업이 이윤창출의 주도적인 산업이며 상업자본가가 주도적인 역할을 하는 초기의 자본주의를 말한다. 초기에는 사유재산제도, 임금노동자와 자본가로의 계급분화가 제대로 되지 않은 상태인데 중상주의자는 금이나 은이 곧 부라고 보며 귀금속을 획득하는 상업이 부를 증대하는 산업이라고 생각하게 되어 중농주의자의 비판을 받게 되었다. 중농주의자는 농업만이 부를 창출하고 다른 산업은 모두 부를 변형시키거나 수송하는 것에 불과하다면서 중농주의는 생산과정이 있으므로 중상주의보다는 발전된 관점이다. 하지만 농업만이 생산적이라고 하는 점에 한계가 있다[15].

강화의 지주제는 농업자본가와 임금노동자의 계급적 분화를 극명하게 보여주고 있어 자본주의로의 전개 가능성이 있었다. 즉 영국과 같이 16세기경부터 새로운 종자와 경작기술의 도입 및 보급, 인클로저를 통한 경작지의 개별화와 대규모화를 통하여 농업의 생산성이 크게 향상되는 동시의 농업의 상업화, 이른바 유통 경제의 발전이 이루어져 급속한 농업의 발전인 농업 혁명(agricultural revolution)이 이루어졌다. 하지만 자본주의적 차지농(capitalistic tenant farmers) 즉, 임차농 자본주의가 강화에서 등장하지는 못하였다. 이들이 등장하여 지주들과 함께 땅을 빌리고 임금노동자를 고용하여 상업적으로 작물을 재배하거나 목축을 양육하는 단계에 도달하지는 못하였다. 영국은 산업혁명이 일어나 소작농들이 도시로 이동하여 공업노동력이 되는 과정을 거쳤지만 강화는 식량공급, 노동력제공, 국내시장의 확대와 같은 변화가 일어나지 못하였던

---

15 김은성(2023). 토마스 제프슨은 농부의 정직한 노동과 대지의 자연적인 풍요로움의 상호작용의 결과가 진정한 부(wealth)가 된다고 하면서 이러한 정치적 그리고 경제적 원리와 더불어, 땅을 소유하는 농부의 독립, 자부심, 자유, 자족 등 그리고 공동체 구성원들 사이의 우애, 협동의 가치와 덕목들은 개인과 공동체를 위한 윤리적 원리를 제공하는 이념의 중농주의라고 하였다.

것이다[16]. 1920~1930년대의 저미가정책과 농업공황은 미곡수출을 전제로 하는 한국인 지주경영의 성장에 장애가 되었다. 농업공황으로 쌀값이 급격히 하락하면서 농촌은 일대 위기를 맞이하였다. 많은 소작인들이 농촌을 떠나 도시로 유입하게 되면 농촌에서의 실업자 문제가 해결될 수 있었을텐데 도시에서의 공업화가 지지부진하였고 이것은 아마 수공업을 천시한 유교사회의 병폐에 기인한다고 본다.

그러나 구한말에 들어와 보창학교 등에서 근대교육을 받게 되면서 많은 지주들이 유학의 길보다는 상공업에 종사하게 되었다. 강화군 하점면 신봉리 255의 대지주 이동승은 1910년대 개량직기를 도입하여 직물을 생산, 판매하였고 평해 황씨와 재혼한 김동식은 비록 대지주는 아니었지만 1916년 개량직기를 보급 장려하는 동시에 품질개량과 제품통일을 목표로 하여 기업가로 변신하였다. 그는 정혜채와 함께 직물조합을 신설, 기업의 전단계인 강화직물조합이 결성되도록 하였다. 대지주 이동승의 자녀 이용화는 하점면 삼거리 출신으로 경성중앙학교를 수학한 후 강화읍 관청리에 중앙염직소를 설립, 50명의 노동자를 고용하는 기업가가 되었다. 1920년대에 들어와 대지주 이동승은 하점면 신봉리에 봉상공동준비 공장을 1924년에 신축하여 대량생산의 길을 텄으며, 같은 해 김동식이 일본 오사카의「제국제마주식회

---

16 김근식(1976), p.50. 영국에서의 목양 농업발전은 공업에 필요한 저렴한 원료
    (특히 양모)를 공급하였으며 풍부한 국내소비시장도 마련해주어 산업혁명의 토
    대가 마련되었다.

사」로부터 마사를 공급받아 시험직조에 성공하여 마직을 위탁
생산하게 된 것이다.

이때 김동식은 강화학교 학무위원이며 시세에 밝은 고병근과
함께 강화직물연화조합 대신 강화직물조합을 설립하게 된다.
1931년에 들어와 「산업조합령」이 발표되어 대지주 황우형의 동
생 황우천이 일본 게이오대학 수학 후 인조견을 도입하여 생산
하는 강화산업조합이 설치되어 금융, 생산, 판매를 대행하게 되
었다. 1934년에는 경성전기가 군내면 신곡리에 배전설비를 갖
추게 됨에 따라 1937년 드디어 하점면 신봉리에 전등이 가설되
었다. 강화 직물 산업의 중심이었던 하점면이 마직(麻織)에 집중
하는 동안 대지주 홍재묵 홍재룡 두 형제가 조양인견직이라고
공장을 설립하였다. 경성방직, 조선방직 다음으로 규모가 큰 조
양인견직은 방직이 주된 생산품으로 바뀌던 중 비록 화재로 인
하여 중단되는 길을 걷게 되었지만 새로운 단계로의 도약이었
다. 강화는 화문석이나 목면 직물을 부업으로 삼고 있는 농가가
있어 경제생활에 약간의 향상을 초래할 수 있었다. 그후 족답기
나 자동직조기가 도입되고 인조견이 일본으로부터 수입되면서
강화직물공업이 1930년대 꽃을 피우면서 강화는 산업자본주의
로의 전개가 순조로웠다. 마직물로 양복지를 생산하는 기술적인
향상이 이루어지던 중 1944년 강화직물도매조합이 설립되었다.
이러한 기반은 1946년 평양 출신의 기업가 김재소가 심도직물을
설립하여 강화직물을 1960년대 꽃 피우는 계기를 마련하였다.

VI
강화의 산업자본과 자본주의의 전개

1. 강화의 산업자본

강화 대지주의 일부는 산업자본가가 되어 자본가계급으로의 성장이 가능해졌다. 1929년 말 미국에서 시작된 대공황은 1930년 초 일본 경제를 더욱 침체시킨 가운데 대공황의 여파는 조선에 파급되었다. 쌀값의 폭락으로 농촌은 파탄지경에 이르렀으며, 도시에서는 상공업의 침체로 실업자가 증가하였다. 1931년 부임한 총독 우가끼 가즈시게(宇垣一成)는 공황 타개를 위하여 조선공업화와 농촌진흥운동을 전개하였다. 우가끼 가즈시게 총독은 일본, 조선, 만주를 정공업(精工業)지대 - 조공업(粗工業)지대 - 농업·원료지대로 묶는 일선만(日鮮滿)블럭을 구상하였다. 조공업 지대라는 조선공업화정책으로의 전환의 배경에는 농업 중심 정책으로는 피폐한 농촌을 안정시킬 수 없다고 보았기 때문이다. 공업의 진흥을 통하여 농촌의 과잉노동력을 흡수하여 농촌을 안정화시키고자 하려는 의도였다. 이에 조선총독부는 일

본독점자본을 유치하여 공업을 빠르게 육성하는 방향으로 나아
갔으며, 먼저 일본독점자본이 투자될 수 있는 환경 조성에 주력
하였다. 이러한 상황을 당시 언론은 다음과 같이 묘사하였다.

우가끼(宇垣) 총독이 취임한 이래 산업개발 제일주의를 고조하
여 기회있을 때마다 일본의 유력한 자본가들에게 조선진출을 권
유하여 금광으로 물고기비료[魚肥], 새끼[繩], 가마니[簿]의 판매
를 시행하여 일본 대자본가들이 …… 일본의 대자본가인 미쓰비시
(三菱)와 미쓰이(三井) 양 재벌이 경쟁적으로 조선산업에 진출하
고 있는데 전남방면에서 연 100만원어치가 생산되는 조선특산물
인 해태의 일수판매권을 획득하였으며 다시 한반도 수만리 연해
안의 수산물에까지 그 자본의 손을 뻗치어 유망하다는 어장은 전
부 매수하려는 계획을 세웠다고 한다. 이에 3,000여 만원의 고리
채에 신음하는 조선 어민들에게 어떠한 영향이 있을지 주목해야
한다[1].

총독부의 이러한 방침은 공황 속에서 활로를 모색하고 있던
일부 독점자본가에게 길을 열어 주었다. 당시 일본의 독점자본
은 군수산업을 중심으로 대규모 만주 투자를 감행하는 한편 카
르텔 형성, 산업합리화를 수행하여 공황을 타개하려고 하였다.
방직공업의 경우 강력하게 생산과 시장을 통제하면서 산업 합리

---

1 『신편강화사』 재인용.

화에 의한 생산비 절감이 이루어지게 하여 조기에 공황에서 벗어나게 하였다. 싼 제품을 동남아, 아프리카, 중남미 등지의 시장에 수출하려는 계획이었다. 제국주의의 기본적인 식민지 지배의 목적은 수탈에 있었다. 개발이라는 미명 하에 이루어진 식민지 지배 정책은 특히 식민지의 경제를 바꾸어 놓았다. 식민지 지배인이 시장에서의 가격 변화에 대응하여 생산기술, 생산물의 종류, 생산물의 판매 방법을 바꾸었기 때문이었다. 식민지 피지배인에게 경제적인 유인을 제공하고 이러한 영향 하에 식민지의 경제는 점차 시장경제와 자본주의로 바뀌어갔다. 하지만 식민지는 제국주의가 의도하는 대로만 변화하지는 않았다. 그것은 조선의 자연적, 문화적 환경을 일본 제국주의가 완전히 이해하지 못했으며, 조선인의 행위를 완전하게 통제하는 것도 불가능하였기 때문이었다. 이러한 현상은 전통사회의 생활양식과 자연환경에 많은 영향을 받는 농촌에서 뚜렷하였다[2].

일제가 지방의 자금 상황을 융통시키기 위하여 근대적인 금융기관인 금융조합 설립을 허용하였다. 일제는 1914년 8월 대출금의 한도 확장 등을 골자로 한 「지방금융조합령」을 발포하였다. 특히 대출금의 한도는 종래 1인당 15원이었던 것이 용도에 따라 1인당 100원까지 대폭 확대되었다. 대출금의 한도를 확대한 것은 일제가 금융조합을 설치한다는 취지와는 실질적으로 다른 측면이 있다. 즉 당시 100원이라는 것은 농민에게는 상당히

---

2 박섭(2001).

큰 액수이며 이를 상환하지 못할 때 발생하는 채무관계는 오히려 농민들을 통제할 수 있는 매개체가 되었다. 당시 금융조합의 업무는 대출업무 및 위탁판매, 창고보관 등이었다[3].

1935년 당시 조합원의 대부분이 농민인 강화금융조합 조합원 3,542명에 대한 대부금 총액은 36만 2,075원 33전, 온수금융조합원 2,758명에 대한 대부액은 26만 6438원 40전으로 총조합원 6,300명에 대한 대부금 총합계가 62만 8513원 73전의 거액에 달하였다. 평균 1인당 100원의 빚을 지고 있었으며 이 외에도 은행 또는 개인 고리채가 상당하였다. 이러한 과중한 부채와 고리채의 악순환은 농작물 생산의 특수성에 기인한다고 볼 수 있다. 제조업과는 달리 농작물은 자연환경에 의해 좌우되고, 가뭄과 홍수 등의 자연재해의 피해로 인한 농민들의 부담은 더욱 가중되었다. 1936년 7월 강화지방에도 미증유의 한발이 발생하여 천수답 중 80% 이상이 벼 모종의 미이앙(未移秧) 상태였고 이앙을

---

3 최재성(2001), pp.99~100. 위탁판매에 대한 규정을 보면 수요공급의 관계를 고찰하여 가급적 값이 비쌀 때 팔도록 하고 위탁판매 의뢰자에 대해 위탁판매예증을 교부하며 의뢰자에게 대부금이 있을 때 그 판매대금 중에서 대부금을 공제한 잔액을 환부하도록 했는데 이때 위탁판매대금의 환부는 예증권 또는 위탁판매예증과 교환하도록 하였다. 한편 이러한 조합업무에 대하여 조합의 실질적인 운영주체는 이사였다. 이사는 장부를 정리하고 또 감독기관에 이를 보고하여 업무지도를 받았다. 당시 금융조합의 대부분은 일본인을 이사로 두고 있었다. 즉 일제는 지방금융조합감 내규를 제정하였으며, 이에 기초하여 각 지방금융조합 이사는 대부금 장부를 작성하여 열흘마다 관할 재무감독국을 경유하여 탁지부 이재국 감독과(理財局 監督課) 앞으로 제출하였다. 이 과정에서 감독기관의 업무지도를 받았는데 그와 관련한 내용이 대부금 장부에 남고, 그 내용은 다시 각 지방 금융조합 이사 앞으로 통보되었다.

162

한 밭의 벼도 대부분 고사 위험을 면치 못하여 흉작이 우려되었다. 더욱이 강화지역에서 일본인 상인들의 상권 장악이 더욱 심해졌으며, 각 직종에서 나타나고 있었다. 양조의 예를 들면 다음과 같다.

강화군에서는 15개소의 양조장이 있는데 군 당국에서는 갑자기 지난 8월 16일부로 도 당국의 방침이라는 구실로서 선원(仙源) 등 8개 양조장에 대하여 주류제조 영업허가 취소를 권유하는 등 1월 1일부터 주류 제조를 일체 금지하고 읍내의 강화양조주식회사, 길상면주류양조장, 하점면농창양조장과 삼산면 등 5개 양조장에서만 주류제조를 제한한다. 이에 대하여 8인은 금번 문제가 생활안도를 좌우하는 사건으로 현재 각 도와 군을 통하여 여차한 예가 별로 없는 이만큼 군당국에서의……[4]

1934년 강화지역의 소맥판매는 섬이라는 특성상 경기도의 다른 지역에 비하여 현저하게 낮았다. 양주군의 경우 판매소 4개, 출하인원 1,231명, 판매수량 2,329.20석, 판매금액 2만 9,420.88원으로 이익금은 총 2,822.04원에 달하였다. 강화군의 경우 판매소 2개, 출하인원 158명, 판매수량 36석, 판매금액 418.75원이며 이윤 총액은 74.31원에 불과하였다. 강화에서는 금도 산출되었으나 그 생산량 및 경제성은 미흡한 실정이었다. 1933년에 발견되어

4 『신편강화사』 재인용.

세간의 주목을 받았으나 그 채산성 문제로 인하여 지속적인 경제
성을 띠지는 못하였다.

　　금광이 발견되어 화금광열이 성하여 이 때에 강화에서도 40여
개 소나 금맥을 발견한 곳이 있다 한다. 원래 산이 크지 못하니 만
치 석금광은 아직 없으나 토금 채굴뿐으로도 10여 처 작업소가 있
는 바 그 산금량이 예상외에 달한다 하여 일반 광업자는 장래를
매우 낙관하고 있다. 하지만 아직 영업이 성하지 못하고 있다[5].

그럼에도 불구하고 강화의 농업자본이 산업자본으로 산업화
할 수 있는 가능성은 직물산업(textile industry)에서 찾을 수 있
었다. 강화직물생산표에 따르면 강화의 특화물은 주로 견직(絹
織), 면직(綿織), 마직(麻織)의 직물류가 있었으며 그 총액은 연
10여 만원으로 자세한 내용은 표4와 같다. 생산금액을 보면 하
점면 82,229원 71.4%, 송해면 21,976원 19.1%를 차지하여 두
개의 면이 90% 이상을, 직물 생산 농가 호수는 하점면이 259호
16.4%, 화도면이 464호 29.3% 등으로 2개 면이 45.7%를 차지
하였다. 하점면이 생산액의 70% 이상을 차지한 것은 김동식이
하점면 지역 출신이거나 목조수동직조기[그림 15]가 일찍 도입하
였던데 이유가 있다. 김동식이 1922년 일본의 「제국제마주식회
사」에서 제조한 마사를 위탁받아 생산하기 위하여 개량 목조수

---

5 『신편강화사』 재인용.

직기를 도입한 것이 강화의 근대 직물산업의 기초가 마련된 것
으로 보인다[6].

[표 4] 강화직물생산표(1924)

(단위: 원, 호, %)

지역 구분	부내면	선원면	불은면	길상면	하도면	양사면	소계
금액	1718	505	561	178	282	2306	5550
비율	1.5	0.4	0.5	0.2	0.2	2.0	4.8
호수	25	114	11	37	108	221	516
비율	1.6	7.2	0.7	2.3	6.8	14.0	32.6
지역 구분	내가면	하점면	양사면	송해면	화도면	수정면	소계
금액	896	82229	170	21976	3145	1275	109671
비율	0.8	71.4	0.1	19.1	2.7	1.1	95.2
호수	78	259	10	25	464	227	1063
비율	0.5	16.4	0.6	1.5	29.3	14.3	67.4

(자료, 『시대일보』 1924.3.22, 『신편강화사』 재인용)

6 『강화이야기 아카이빙』, 2018, p.122. 지금으로부터 20년 전[1910년대]의 고
성근(高成根), 김동식(金東植)이니 두 분의 경영으로 그 후에 원근(遠近)에서
점차[稍稍] 모방하여 오늘날[今日] 직조(織組)의 총 생산액이 연간 수십만원
(圓)이다. 그 때 하점면 한봉수(韓鳳洙), 이동승(李東承) 씨와 송해면 허 모(許
某)씨가 깊이 착안을 하여 직물계 선구자가 되었다. 그 후 개량직기 사용자 증
가가 현저하게 되었으나, 이것을 기회로 중간 상인의 당 업자 이익 착취가 심하
여 일시 부진 상태에 빠지게 되어 농가 부업의 대손실이요, 지방 발전 상 중대
영향이 파급될 것을 우려하던 바, 1916년 10월에 동업자 이익을 도모하기 위하
여 강화직물조합을 설립하고 조합 성립 후 당 업자를 지도하기 위하여 기술원을
채용하고 개량기의 보급 장려 및 품질 개량, 제품 통일을 목적하고 1923년(대정
12) 8월부터 제품 검사를 실행하였다. 이때 지방비 및 국비 보조를 받고 공동정
리장, 공동작업장 등을 건축하여 어디까지 당 업자 이익을 옹호하여 왔으나 간
상업(奸商業)의 발호와 자본 없는 농가인 만큼 원료 수입이 부자유 하여 중간상
인이 있다 하나 폭리를 탐하는 관계상 결국 도로무공(徒勞無功)이라. 이익 옹호
도 수포가 되고 업적 부진은 정한이치[定理]이다 이 같은 고통을 받아 오던 중
1931년(소화 6)에 강화산업조합이 설치되게 되었다.

　　송해면에 기반을 둔 화문석 수동직조업에 관심을 가진 김동
식이 혁신적인 기업가였다[그림 15]. 이에 경기도는 강화군에 산
업기수 1명을 두어 직물업을 지도 장려하게 하고 강습회를 개최
하며 직물기계를 구입하여 공동작업장을 설치하고자 하였다. 이
러한 취지 하에 도에서는 1910년부터 1929년까지 8,414원의 보
조금을 지급하였다. 이는 당시 경성 직물조합의 9,600원에 이어
도에서는 두 번째로 많은 보조금을 지급받은 것이다. 특히 직물
을 주로 취급하는 포목상들은 조합을 결성하여 자신들의 이익을
확대하고자 하였다. 1924년 6월에는 강화 포목상 조합에서 임시
회의를 소집하여 상권확장에 대한 안건을 토의하였다. 1925년 8
월에는 강화 포목상 조합에서 시장신설 및 이전 반대를 목적으
로 대표를 경성에 파견하기도 하였다.

[그림 15] 목조수동직조기(출처: 필자 촬영, 2023.7.8.)
수동직조기는 그 전의 직조기보다 개량되어 대량생산이 가능하도록 설비가 표준화된
것으로 보인다. 강화소창박물관 전시품.

그후 하점면의 대주주 황우천[7]이 일본 게이오대학에 유학한 후 인조견, 일명 레이온과 자동직조기를 도입한 후 산업조합을 결성하였다. 1931년 9월에 설립된 강화산업조합은 강화지역의 생산물을 주로 취급하였다[8]. 즉 직물화연(織物花莚)의 판매 가공

---

7 황우천의 가계는 조부 황정희, 부친 황덕주로 이어지며 황우형, 황차영, 황순영, 황삼영, 황우일, 황우달, 황우승, 황우방, 황선익, 황동익 등과 형제 사이였다. 황우천은 일본 게이오대학 출신으로 강화산업조합을 조직하여 자본주의를 도입한 장본인이다. 황우일은 베를린 대학 출신이었다. 황선익의 사위 최영철이 사회주의가가 되는 바람에 그의 영향으로 황씨 자녀들은 대부분 사회주의자가 되었다. 경성제국대학을 졸업한 황우천의 아들 황주익은 한국전쟁 직후 강화인민위원장이 되었고 황우달, 황우승, 황우방 등과 함께 월북하였다. 황우천도 결국 월북하였다. 그의 형 황우형의 자녀들은 황선금, 황순금, 황옥금였는데 사회주의자가 되지 않았다. 특히 황선금은 경찰가족 전용식에게 출가하여 전용식, 전영례, 전영미, 전영진 등의 자녀가 국내에 생존한다. 황동익은 미국체류 중이지만 황예자, 황인웅 등은 월북하였다. 황선금의 「구술자료」를 정리함.

8 『강화이야기 아카이빙』, 2018, p.123. 산업조합령이 발포됨에 따라 1931년 10월에 강화산업조합이 설치되었다. 본 조합은 직물을 주로 직수입하는 원료 공급과 당 업자 이익 옹호에 막대한 노력이 발생되어 성립 당시 직물 생산액이 년 30만원에 불과한 것이 겨우 2년 남짓[餘]에 일약 100여 만원이란 3배 이상의 생산률을 얻게 되었다. 당 업자에게 공급하는 직물인 면사(綿絲)·인견사(人絹絲)·마사(麻絲) 등의 거래처는 경성, 대판, 동경 등지라 한다. 생산이 증대함과 같이 업(業)도 일익번창(日益繁昌)하여 설립 당초부터 활동해 오는 황우천(黃祐天), 김평묵(金平默)씨 더욱 흥미를 가지고 직접 지도관의 중책을 지고 나가는 터인데, 처음은 생산 장려와 당업자 이익 옹호에 전력을 경주하였지만 지금[現今]은 조직적 계획을 세워 품질 개량 등급확별(等級確別) 등 점차 기술적 방면으로 지도를 하여 나가는 것이다. 현재 조합원이 1천 6백인으로 장래를 두고 다대한 촉망이 있는 조합이다. 직물의 종류에는 현재 제조되는 것은 10종에 이르는데, 이를 대별하면 필루비, 마포, 인견교직인데 인견교직을 대별하면 능직(綾織), 라사(羅紗)이다. 필루비는 면사(棉絲), 인견사(人絹絲)요, 마포는 순마사(純麻絲)요, 인견교직은 명칭과 기타 입조사(人造絲), 사(絲)의 교직(交織)으로 대개 경척(鯨尺) 40척이다. 인조교직은 유문(有紋), 무문(無紋), 유색(有色), 무색(無色)이 있는데, 색은 10종이다. 이와 같이 날이 갈수록 생산량이 느는 것을 보면 장래 전선적(全鮮的)으로 직물계 패권을 잡게 되었다.

및 비료, 짚[藁], 석유, 소금, 잡곡을 판매하고 산업용 재료 원료
및 기기 등을 구매하였다. 이러한 강화산업조합의 활동은 당시
경기도 및 조선총독부에서도 관심이 지대하였다. 이미 1928년
에 은사수산 산업장려대금을 계상(計上)하여 생산자금으로 대출
하였으며 산업기사 1명이 조직적으로 지도, 감독하였다.

　강화산업조합의 조합원 및 출자금을 정리하면 다음 [표 5]와
같다. 강화산업조합 가운데 중요한 것은 직물류에 대한 출자금이
지속적으로 증가하였는데 이는 직물업이 강화의 대표적인 산업임
을 나타낸다. 조합원 수 1931년 630명, 1932년 1,034명, 1933년
1,557명, 1934년 1,610명이었으며 출자구수도 1931년 1,000구
좌, 1932년 1,408구좌, 1933년 1,938구좌, 1934년 2,009 구좌로
3년 만에 배증한 것이다. 출자금 또한 1931년 10,000원, 1932년
14,080원, 1933년 19,280원, 1934년 20,090원으로 동일한 비율
로 늘어났다. 준비금은 1932년 2,024원, 1933년 6,738원, 1934
년 12,385원으로 6배 이상늘었으며 특별적립금도 1932년 4,503
원, 1933년 15,179원, 1934년 28,393원으로 7배 이상 늘어 금융
의 안정화가 실현되어 금융에 의한 산업화의 기반이 마련되었다.

[표 5] 강화산업조합 상황

(단위: 명, 호, 원)

구분 연도	1931.9	1931.12	1932	1933	1934
조합원	634	630	1034	1557	1610
출자구수	1000	969	1408	1938	2009
출자금	10000	9690	14080	19280	20090

출자불입금	4845	4845	5595	7911.68	10324.89
준비금		34	2024.20	6738.67	12385.56
특별적립금			4503.48	15179.35	28393.49

(출처: 『신편강화사』 재인용)

1937년에는 총출자금액은 12.5만원, 건평은 700평의 조양방적주식회사 인조견 공장이 강화에 신설될 만큼 직물산업은 그 경쟁력을 인정받고 있었다. 강화지역의 부호인 홍재묵, 홍재용 형제와 정주의 이정근이 출자하여 설립되었다. 조양방적의 설립에 따라 강화지역의 방직업은 경기지역에서 가장 경쟁력있는 산업 가운데 하나가 되었다[그림 16]. 다시 말해 강화지주들은 한 단계 높은 산업화를 시도하였다.

[그림 16] 현재 카페가 된 조양방직의 공장과 설비(출처: 필자 촬영, 2023.9.8)

2. 근대 방적기구의 도입과 발달

19세기 말 대한제국은 근대화의 필요에 따라 외국 기술과 기계를 도입하기 시작하였다. 1884년, 양동기(Loom)가 국내로 소개되었지만 국내에서 생산되기까지 상당한 시간이 요구되었다. 근대 방적기구의 도입은 수작업 방직에 비해 생산성을 향상시키고 면, 목화, 비단, 양모 등 다양한 원료의 활용이 가능하였다. 섬유 산업은 주로 직물 제조뿐만 아니라 의류, 가구, 생활용품 등 다양한 분야에서 사용되므로 근대 방적기구, 즉 족답기(Shuttle Loom), 수동직조기, 자동직조기 등이 섬유 산업의 진화 과정에서 다양한 기능과 자동화 수준을 가지도록 개량되었다.

족답기는 18세기부터 19세기 중반까지 사용된 초기 직조기로, 수동으로 조작되었다. 주요 특징은 쇠심과 쇠부, 그리고 수동으로 쇠심을 왕돌이(Shuttle) 사이로 빠르게 이동시켜 직물을 만들었다. 쇠심의 왕돌이 이동은 직공(Weft)의 삽입에 사용되었으며, 이로 인해 생산성이 제한되었다. 19세기 중반에서 후반에 등장한 수동직조기는 족답기로 개량된 섬유 생산성을 높인 기계였다. 이 기계에는 여전히 인력이 직공을 끼우고 쇠심을 조작하지만, 일부 자동화된 요소가 도입되었다. 수동직조기는 족답기에 비해 조금 더 생산성이 높아지긴 했지만, 여전히 작업자에게 많은 노동을 요구했다.

[그림 17] 자동직조기(출처: 필자 촬영, 2023.7.8.) 자동직조기는 초기에 발전 모터가 부속되었으나 강화에 전기선이 가설되자 조양방직회사의 설립과 함께 규모가 커지게 되었다. 강화소창박물관 전시품.

[그림 18] 1930년대 일본산 자동직조기(출처: 필자 촬영, 2023.11.24), 조양카페에 전시중인 1930년대의 아사코사 제품.

[그림 19] 일본 오사카 제국제마 공장의 작업과정(출처: 『제국제마주식회사30년사』, 도판) 조선의 부산에 위와 같은 마직물공정이 이루어지는 직물공장이 들어서 있었다.

　자동직조기는 19세기 후반에서 20세기 초반에 등장하여 섬유산업을 혁신하였다. 자동직조기는 전적으로 기계적으로 작동되며, 직공의 삽입과 쇠심의 이동을 자동으로 수행하여 생산성이 크게 향상되었고, 인력 필요량이 줄어들었다. 도입 시기에 관해서는 쇠심(Shuttle)을 사용하는 족답기가 18세기부터 19세기 중반에 등장하였고, 수동직조기는 이후에 등장한 반면, 자동직조기는 19세기 후반에서 20세기 초반에 점차 보급되기 시작하였다. 이러한 발전은 섬유 산업에서 생산성과 효율성을 크게 향상시켜 산업혁명의 일부로 인식되며 자동직조기의 도입은 강화도에의 송전이 이루어졌음을 말해준다. 송전이 되기 전에 모터에 의한 자동직조기가 보급되었다. 전기 혹은 모터를 이용한 자동직조기는 인력 작업에 비해 생산성을 크게 향상시키며, 고품질의 직물을 일관되게 제조하였다[그림 17, 18, 19].

　김동식(金東植)과 황우천(黃祐天)에 의한 개량직기 및 자동직조기의 도입으로 정착된 강화직물 사업은 직물기의 자체 혁신이 이루어져 강화에 보급되었다. 강화 하점면의 인사 황우천은 일본 게이오(慶應)대학 수학한 후 귀국하여 강화 하점면·송해면·내가면의 농촌 살림을 둘러본 다음, 자동직조를 도입하여 소창 생산을 장려하였다. 그의 노력으로 마을 대부분의 집 외채, 사랑채에 직조기가 하나씩 있게 되었고, 족답기에서 짜인 소창은 시장에서 그 가치를 인정받았다. 전기 도입이 이루어지기 전에는 발전기에서 생산된 전기가 자동직조기의 모타를 작동시켰다. 김동식이 도입한 개량된 직기가 효율적인 생산성을 낼 수 있다는 점을 인지하고, 일본에서 자동직기를 도입하여 소창을 비롯하여 견직, 인견, 마저포 등 다양한 직물을 생산하는데 일조했다[9] 김동식·황우천과 같은 인물들의 적극적인 사업 활동으로 직물생산의 효용성은 높았으며, 특히 가격이 저렴하고 광택과 감촉이

9　직물종류를 결정하는 첫 번째는 원사, 두 번째는 짜임 모양과 폭, 세 번째는 밀도이다. 직기 자체가 실을 천으로 만드는 장치라 실의 종류에 관계없이 대개 직조가 가능했다. 실의 종류마다 바디, 북 종광이 조금씩 달라질 수 있으나 평직물을 짜는 원리는 같아서 기계 또한 비슷했다. 다만 견(絹)의 경우 원사가 매우 얇고, 견직(絹織) 특성상 많은 올수가 들어가야 했기에 타직물과 같은 속도로 천을 짜도 적은 양이 나왔다. 이러한 원사를 짜는 족답기의 경우 북과 경사를 사람이 순서에 맞게 일일이 벌려주면서 직조를 했는데, 일본에서 들어온 직기는 반자동식으로 어느 정도 기계에 의존해서 짤 수 있었다. 이러한 점은 다양한 직물의 생산과 효율을 높일 수 있었을 뿐만 아니라 가구소득 향상에도 크게 기여했다.(제보자: 김민재 연순직물 사장, 조사일시: 2020.3.30.) (김나라, 2020, p.118 재인용)

좋은 인견직이 인기가 많았다. 이들 인물은 인견, 즉 레이온을 합계 수입하였다고 보여진다. 당시 총독부에 고시된 강화직물의 최고판매가격을 확인하면 1위는 견면평직(絹綿平織)이었다.

직물의 원료가 되는 실은 주로 자연에서 얻는 원료를 사용하여 만들어졌는데 주로 목화와 목화 실을 사용하여 의류와 직물을 만들었고 손으로 직조하는 방식이 주로 사용되었다. 삼베는 라미나 소나무나 메마른 목화를 사용하여 만들어졌으며, 일본 전통의류인 까도나 꼬리 및 다다이 등에 사용되었다. 19세기 말부터 20세기 초에 레이온이 개발되었고 레이온은 천연 셀룰로오스 섬유에서 만들어져 인공 섬유라고 할 수 있다. 레이온의 주된 원료는 목화, 목단, 헤마프와 같은 식물로부터 추출되는 셀룰로오스이다. 나무 또는 식물을 잘라서 원자재로 사용하며 추출한 셀룰로오스를 알칼리나 산화제와 함께 화학적으로 처리하여 순수한 셀룰로오스 섬유로 변환된다. 처리된 셀룰로오스를 용매로 녹여서 액화된 형태로 만든 후 스피닝(회전), 즉 회전하는 기계에 통과시켜 실을 만들게 된다. 견면평직이란 이를 두고 말한다. 면직물인 소창이 견면 다음으로 많이 생산되었다. 소창은 소매업자에게 받을 수 있는 가격은 12.36원이었는데, 전체 직물 중에 2위였다. 2위를 차지하였다는 점은 소창이 고급면직물로 취급되었다는 사실을 보여준다.

1931년 기존의 산업조합에서 확대 창설되어 조합원들로 하여금 강화인조의 품질을 높이고 직접 직기를 들여 최초로 공장제 직물공장을 운영했던 강화산업조합과 그 대표이사 황우천이 새로운 혁신의 원류였다. 황우천은 직물산업 뿐 아니라 강화지역의 유지들과 함께 강화의 지역발전을 위해 전기를 끌어들인 대지주 출신의 농업자본가이었다. 그가 일본 유학을 한 후 애향의 기업가로 변신하여 가진 혁신에 대한 태도는 한국자본주의 발전의 초기 리더인 점이 인정된다. 그가 수입한 직조기로서 수많은 여성들이 숙련여성이 되는 길을 열어주었던 점이 한국자본주의의 특징이라고 할 수 있다. 1942년 산업조합의 직원들이 산업조합마당에 '황우천기념비'를 세워 강화지역발전에 공헌한 공로를 인정하기도 하였다[10]. 그는 근대적 은행을 설립하고 여성교육의 중요성을 깨달은 강화여중의 설립자로도 알려져 있다.

해방 전 「조선은행회사조합요록」, 한국전쟁이후 발간된 「전국주요기업체명감」, 「광업 및 제조업사업체명부」에 기재된 1950년대 강화지역 35개 직물공장은 다음과 같다.

신흥직물공장: 인견직물 / 경기도 강화군 강화면 관청리
남도직물공장: 인견 / 경기도 강화군 강화면 관청리 295
필도직물공업사: 인견문직 / 경기도 강화군 강화면 관청리 384
심도직물공업사: 인견직물 / 경기도 강화군 강화면 관청리 394
형제직물공장: 인견 / 경기도 강화군 강화면 관청리 405

---

10 황우천은 한국전쟁시기 강화인민위원장이었던 황주익의 아버지이고 황우천을 포함하여 황씨 일가 수십명이 월북한 이력이 있다. 그래서 황우천기념비는 파헤쳐져 오랫동안 방치되다가 최근에서야 황우천 생가 주변에 옮겨지게 되었다. '빨갱이'라는 이유로 한동안 기록에서 사라졌다.

강화십자당직물공장(합자): 인견직물 / 경기도 강화군 강화 관청리 528

강일직물공장: 인견 / 경기도 강화군 강화면 관청리 543

대일직물공업: 인견직물, 이지 / 경기도 강화군 강화면 관청리 543

강화산업조합: 인견직물, 이지 / 경기도 강화군 강화면 관청리 555

이화견직공장: 인견직물, 이지 / 경기도 강화군 강화면 관청리 569

신화직물공장: 인견 / 경기도 강화군 강화면 관청리 628

신화직물공장: 인견직물, 이지 / 경기도 강화군 강화면 관청리 628

광창직물공장: 인견직 / 경기도 강화군 강화면 관청리 699

한일직물공장: 인견 / 경기도 강화군 강화면 관청리 699

송해직물공장: 인견면직 / 경기도 강화군 강화면 관청리 877

금화직물공장: 인견 / 경기도 강화군 강화면 관청리 887

천일직물염색공장: 염색 / 경기도 강화군 강화면 궁청리

신관직물장공: 인견직 / 경기도 강화군 강화면 신관리 682

강남직물공장: 인견직물 / 경기도 강화군 강화면 신문리

대흥직물공장: 인견도비직물, 이지 / 경기도 강화군 강화면 신문리

경도직물공장: 인견 / 경기도 강화군 강화면 신문리 101

협성직물공장: 인견도비직물 / 경기도 강화군 강화면 신문리 101

평화직물공장: 인견직물 / 경기도 강화군 강화면 신문리 107

화성직물공장: 인견직물 / 경기도 강화군 강화면 신문리 107

일광직물공장: 인견 / 경기도 강화군 강화면 신문리 125

상호직물공장: 인견직물 / 경기도 강화군 강화면 신문리 160

삼양직물공장: 인견 / 경기도 강화군 강화면 신문리 237

유연준직물공장: 인견도비직물 / 경기도 강화군 강화면 신문리 237

임성직물공장: 인견 / 경기도 강화군 강화면 신문리 250

신흥직물공장: 인견직물 / 경기도 강화군 강화면 신문리 256

남화직물공장: 인견 / 경기도 강화군 강화면 신문리 281

세창직물공장: 인견 / 경기도 강화군 강화면 신문리 300

조양방직(주): 각종직물의제조판매, 이상의부대사업 / 경기도 강화
   군 강화면 신문리 588

강화직물공업조합: 인견직 / 경기도 강화군 강화면 신문리 588

광성직물공장: 인견직 / 경기도 강화군 선원면 신정리

하성직물공장: 면직물 / 경기도 강화군 선원면 신정리 516

모현직물공장: 인견직, 이지, 지리댕 / 경기도 강화군 하지면 이강리

강화산업조합: (판매)면포마포, (구매)면사마사, (이용)직물작업장
   / 경기도 강화군 부내면

당시에 인견직물이 대부분인 강화직물공업은 절정을 이루었다. 근대적 직기를 갖춘 군소공장의 수가 1940년대 들어와 두 배에 달했고 업체들의 급성장은 1960년대 중반이 되자 포화상태에 이르렀다. 1960년대 말에는 생산량이 하향곡선을 그리게 되었다. 업체가 과잉경쟁과 경제개발5개년 계획 수립 후 수출주도 정책에 따라 대구를 중심으로 한 경북일대 등 타 지방으로 직물공업의 주도권이 넘어갔다. 이 시기 주된 생산품인 면직, 인견은 주로 옷감, 이불감으로 사용되었고, 대표적인 직물공장은 동광직물, 무림직물, 상호직물, 심도직물 등이 있다. 1970년 강화대교의 개통으로 생산품 수송

이 용이해졌으나 1973년 석유파동을 겪으면서 강화직물공업은 사
양길로 접어들었다. 경제적 압박감, 특히 임금상승으로 인한 어려
움과 좁은 내수 시장에서의 과다 경쟁에 따른 후유증으로 1973년과
1974년에 걸쳐 많은 공장이 폐업하였다. 남은 공장들도 인견직
생산에서 화학섬유 생산체제로 바뀌기 시작했다. 이 시기 주된
생산품은 커텐지, 카바지 등이며 동광직물, 경도직물 등이 있다.
한편 강화읍에 대형직물공장 형태로 생산했던 견직물은 쇠퇴하였
으나 소창 등 면직물은 강화읍 뿐 아니라 송해면, 하점면, 양사면
등 여러 지역에 걸쳐 오히려 번성하였다.

[그림 20] 현 송내면 직물공장(출처: 필자 촬영, 2023.11.24.)
전 심도직물 이원병 전무와 함께 방문한 송내면 직물 공장은 부부 2명이 컴퓨터제어
시스템에 의존하여 운영 중이다.

1980년대까지 '강화인조'의 명맥을 이어온 공장은 심도직물,
동진직물, 남화직물, (주)두올 등 4개의 법인과 소규모의 개인

기업 등이 있었고, 강화를 대표하는 굴지의 직물공장이었던 '심도직물'이 2003년 폐업하면서 현재 이렇다 할 인견직 직물공장은 자취를 감추었다. 그러나 면직물의 경우 강화 전지역에 걸쳐 직조기 수가 5~10대인 소규모의 공장에서 소창을 생산하고 있고[그림 20] 2018년에는 강화읍에 '소창박물관'이 건립되었다.

3. 여성노동자의 등장과 직물조합의 조직

조선시대의 여성의 사회적 지위와 삶은 남성의 가정 내 지원자 역할을 주로 맡았으며, 여성은 가정에서의 역할이 강조되었다. 가부장제가 강력하게 뿌리박힌 당시 가정과 사회에서 남성이 가장 중요한 인물이었다. 어린 나이에 결혼하고 가정을 이루는 것이 일반적이었으며 남편과의 관계에서는 순종과 충실이 강조되었고, 남편과의 인연이 여성의 사회적 지위와 안정성을 결정하는 중요한 요소였다. 여성에게도 읽고 쓰는 기술을 배우며, 특히 한문(漢字) 학습이 중요시되었다. 아주 일부 여성만이 시, 소설 등의 작품을 창작하기도 하였다. 조선왕조 말 전체 여성 중 여성 노비가 차지하는 비율이 상당히 높았으며 이 시대의 사회가 계급 사회였으므로 노비는 계급 제도의 하부에 위치하여 상류 계급의 가정에서 일하거나 노역에 종사하는 등 하층민으로서의 역할을 수행하였다. 여성 노비는 주인 가정의 소유물로 취급되었으며, 그들의 생활과 운명은 주인의 의지에 크게 의

존했고 주인의 변덕에 따라 희생과 어려움을 겪을 수 있었다. 여성 노비는 가정에서 다양한 노동을 수행했는데 주로 가정 내에서 요리, 청소, 세탁, 양육, 농경 등 다양한 업무를 맡았다. 일부는 주인의 가게나 농지에서 노동에 종사하기도 하였다. 특히 여성 노비는 인간 존엄을 상실하고 자유로운 의사결정을 할 권리를 박탈당했고 그들은 주인의 명령을 복종해야 했고, 신체적 폭력과 억압을 피할 수 없는 경우도 많았다. 일부 노비는 종교 활동을 통해 위로와 희망을 얻기도 하였으나 구제 사업이나 자선단체에서 도움을 받는 경우도 있었지만, 이는 전반적으로는 드물다.

조선 말기에 들어와 노비제도는 1894년에는 공식적으로 폐지되었다. 이로 인해 여성 노비들은 해방되었으며, 그 후에는 자유로운 시민으로서의 생활을 시작할 수 있었다. 하지만 자신의 소유 재산이 거의 전무하였으므로 그 지위가 쉽게 바뀔 수는 없었다. 강화 직물업으로의 산업발전은 대주주에 의한 산업자본가의 등장과 함께 실업상태에 놓여 있는 수많은 여성이 산업현장에 참여하게 되고 여성노동자가 출현하는 계기를 마련해주었다. 특히 여성들이 고된 노동에도 불구하고 여공으로서의 자신의 가치를 발견하게 된 계기는 강화읍교회의 여성의 적극적인 선교활동이 있었기 때문이다.

미국의 감리회에서 파견된 여성선교사들 가운데 강화에서 전도부인사업과 여성선교사업은 힐만, 밀러의 뒤를 이어 헤스(惠施, Margaret Hess)가 맡아 주관하였으며, 교육, 의료, 사회사업분야는 코스트럽(高壽道, Kostrup), 젠센(A.K.Jesen)부인, 트리슬(智理說, M.V.Trissel), 올드파디(吳播道, J.Oldfather) 등이 담당하면서 여성의 사회적 인식이 변화하였다[11]. 특히 헤스는 1913년 내한하여 이듬해 인천지방에 파송받은 후 1940년 일제에 의해 추방될 때까지 27년 간을 인천지방에만 교회적을 두고 강화선교에 활발한 활동을 하였다. 인천과 섬 지역을 순회하면서 선교활동을 벌이던 헤스는 선교용 선박이 절실히 필요함을 느끼고, 미국의 감리회 해외 여성선교회(Woman's Foreign Missionary Society)에 요청하여 지원을 받았다. 1938년에 한국선교 50년 사업 기념으로여 미감리회 여선교회 선교사들이 쓴 『광명의 50년』[12]이란 책에 자세히 설명하고 있다.

헤스의 선교사업은 매우 적극적이었다. 그녀는 예배당이나 교회부설 학교, 유치원 등의 건립 재정확보 타개에 미국선교회의 도움을 요청하였다. 1917년에 마치(Geo.O.March) 부인의 기금으로 강화합일여학교에 '마치기념실'을 지어 교실로 사용토록 하였다. 여성선교회는 농촌의 가정 복음화에 많은 정성을 쏟았다. 가정의 복음과 생활개선을 통하여 사회개혁을 유도하고 가르쳤는데 다음은 당시의 선교사업을 생생하게 그린 보고 내용이다.

---

11 이덕주·조이제(1994), p.361.
12 책의 출처를 찾지 못하였다.

"우리의 해변으로 몰려 온 최근의 물결들 중 하나는 가정의 복음화이다. 전도부인들은 될 수 있는 한 많은 곳에서, 보다 윤택한 가정생활을 가르치는 매일 가정강좌를 개최하였다. 그들은 가정예배, 위생, 가정경제, 어린이 육아법을 비롯한 많은 유용한 주제들을 가르쳤고, 매년 세계적으로 유명한 그림들 몇 점과 기독교 가정에 적합한 문구들을 저렴한 가격으로 판매하였다. 젊은 부녀자들을 위한 가정개선 모임에서도 뜨개질과 간단하게 어린이 옷을 만드는 법을 비롯해서 가정을 더 좋게 만드는 많은 것들을 가르쳤다"[13].

전도부인으로는 1910년대에 활약한 김윤어쓰, 허나오미, 이푸-이푸리실라로 추측됨- 등 3인이 기록에 나타난 최초의 전도부인이다[14]. 이후 류정순 1928~1929년, 조희재 1931~1932년과 1934~1938년, 윤성심 1933~1934년, 조경님 1939년, 하옥희·전승반·최경준 1940년, 한애수 1941년의 순서로 임직하였다. 다음은 교회개척 이후 1941년까지 파송받은 전도부인 현황이다[표 6].

---

13 홍석창(1995), pp. 345~351.
14 『강화읍잠두교회역사』(1914).

182

[표6] 전도부인 현황

대수	성명	임직기간	특기사항
초대	김유의	1914~1927	권청일의 부인, 강화 3.1 만세운동 주도
2	허나오미	1914	김봉일의 부인
3	이푸리실라	1914	강녕포교회 전도 부인
4	류정순	1928~1930	
5	조희재	1931~1932	
6	윤성심	1933~1934	
7	조희재	1934~1938	김면희의 제수
8	조경님	1939~1940	
9	하옥희	1940	
10	전승반	1940	
11	최경준	1940	감신대학 졸업, 1936~37 전도사
12	한애수	1941	

(『강화중앙교회 100년사』, p.281 재인용)

인천지방회는 1918년부터 전도부인을 각 구역에 파송하였다. 김유의는 김윤어쓰와 동일인으로 추측되는데, 김 전도부인은 개척 초기부터 1927년까지 파송받으므로써 강화중앙교회 역사상 가장 장기간 임직한 교역자이다. 그 결과 1930년 5월 26일 인천 내리교회에서 개최한 제16회 미감리회조선연회 인천지방회에서 교역30주년 기념 축하를 받았다. 다음은 이에 대한 「기독신보」의 보도내용이다.

"朝鮮에 稀有한 三十年이라는 긴 세월 동안을 朝鮮에 惡習 惡風 惡魔로 白馬를 타고 싸우난 동안에 失敗함 업시 勝利에 旗를 잡은 金有義"[15]

이 신문은 김유의 전도사를 가리켜 한국의 악습, 악풍, 악마를

물리친 보기 드문 '한국 여성목회의 기수'로 평가하고 있다. 또 1938
년 10월 감리교 총리원 이사회에서는 그때까지 생존한 목회자 중에
서 목회경력 20년 이상 된 이들을 표창하였는데, 김유의 전도사가
표창을 받았다. 김 전도사는 1896년 서울에서 남편 권청일과 함께
언더우드에게 세례를 받고 강화읍 잠두교회 개척교인으로 참여하
였다. 강화 3.1운동 때는 강화읍 교인으로 유일하게 길상면 유봉진,
황유부, 황도문 등 지도부와 연결되어 독립선언서 등 유인물을 전
달받아 거사 전날 밤 강화읍 주민들에게 나누어 주며, 시위에도 적
극 가담하여 일경에게 체포되어 옥고를 치른 바 있는 민족주의 여성
지도자이다. 그녀는 신앙과 민족을 조화시켰으며 평생을 여성 선교
에 몸을 바친 강화의 대표적인 전도부인이다.

　교회개척 인물인 김봉일의 부인이자 허진일의 자매가 되는 허
나오미와 잠두교회가 개척한 김포 강녕포교회의 탁사로 봉사한
바 있는 이푸리실라 등 3명은 교회개척 초기의 전도부인들이다.
이들 여성 전도에 힘입어 1930년대 강화중앙교회의 교인 현황의
추이를 보면 1936년 3,098명, 1937년 2,949명, 1938년 3,230명
이었으며 이중 여성 교인은 1936년 1,708명, 1937년 1,643명,
1938년 1,781명으로 전체 교인의 50% 이상을 차지하였다. 강화읍
신자가 기타지역보다 훨씬 여성신도의 비율이 높아 도시 여성의
교회 참여가 두드러졌음을 알 수 있다[표 7].

15 「基督申報」, 1930.6.11.

[표 7] 교인현황(1935~1938)

연도	구역	입교인			학습인			세례아동			원입인			총계		
		남	여	계	남	여	계	남	여	계	남	여	계	남	여	계
1936	강화읍	52	90	142	41	105	146	43	39	82	124	175	299	260	405	665
	기타	261	311	572	97	153	250	279	252	531	492	562	1054	1130	1303	2433
	계	313	401	714	138	258	396	322	291	613	616	737	1353	1390	1708	3098
1937	강화읍	52	90	142	41	105	146	43	39	82	124	171	295	260	405	665
	기타	241	303	544	105	151	256	246	256	502	454	528	982	1046	1238	2284
	계	293	393	686	146	256	402	289	295	584	578	699	1277	1306	1643	2949
1938	강화읍	49	96	145	56	95	151	45	40	85	162	203	365	312	434	746
	기타	243	144	387	113	182	295	262	263	525	519	571	1090	1137	1347	2484
	계	292	240	532	169	277	446	307	303	610	681	774	1455	1449	1781	3230

(출처: 『강화중앙교회 100년사』, p.284 재인용)

이들 여성들은 보다 적극적으로 직물산업 분야에 종사하게 되었다. 해방 전의 강화도의 직물공업은 다른 여타 지방과 마찬가지로 주로 가내수공업이었다. 거의 모든 가구에서 수직기를 갖추고 주로 면직물을 생산하여 5일에 한 번 서는 장날에 판매하였다. 강화는 이미 직물을 생산하기 위한 필요조건이 충족된 곳이었다. 1916년 강화직물조합이 설립되기 전부터 집집마다 직물을 짜는 '수동직조기' 한 대씩을 보유하였고, 특히 농한기 때 가계경제에 큰 보탬이 되었다. 각자의 방식으로 판매를 하였으므로 가격이 일관되지는 않았지만 외래품보다 저렴하고 품질도 우수해서 적지 않은 수익을 내었다. 일제 말기에 조양견직회사, 십자당직물, 강화산업조합 등 근대적 직물공장이 세워짐에 따라 인견직 생산이 주를 이루었는데, 근로현장에서의 고된 노동은 기도와 찬양으로 위로가 되고 개신교 부흥운동으로 이어져 대표적인 마니산부흥회에 참여한 신

[그림 21] 마니산기도회(출처: 한상운 편저, 2007, p.360)
1910년초부터 매년 개최되어 온 마리산 부흥회이며 1935년 촬영된 현장
모습이다.

도의 대부분이 여신도임이 이를 반증한다[그림 21].

해방 직후에는 심도직물이 가세하여 직물여공들이 생산한 제품이 늘어났고 수요에 미치지 못하였다[그림 22]. 한국전쟁을 기점으로 강화직물공업은 획기적인 발전을 이루어 생필품에 대한 수요의 급증으로 직물공장은 호황을 누렸고, 전국적으로 강화인조에 대한 명성이 높아졌다. 직물공업의 활성화에 힘입어 이 시기에는 특히 인견직을 생산하는 공장수가 30개 정도로 급격히 늘어났고, 대표적으로는 남화직물, 상호직물, 평화직물, 심도직물 등이 있다. 직물 제작은 면사구입에서부터 작태-가공-와인딩-후다·정경-연경-직조-검단-판매까지 모든 과정이 섬세하고 밀도 있는 노동력이 요구되었으므로 부녀자들이 일하기에 적합했다. 이러한 노력으로 강화에서는 반포(斑布)·필누비(正縷飛)·면

포(綿布)·인견(人絹)·마저포(麻苧布)·백목면(白木綿) 등 10여 종
이 생산되었는데 생산량과 판매액 역시 최고였다. 이 중에서 아직
까지 유일하게 생산되는 직물은 바로 면포에 포함되는 '소창'[16]이
다. 소창은 무명이라고도 부르고 지역에 따라 무녕, 문영, 소청이
라고도 불렸다.

[그림 22] 심도직물 터(출처: 필자 촬영. 2023.11.24.)

　여성노동자의 삶의 면모는 여성구술을 통해 살펴볼 수 있
다[17]. 「강화지역 여성 직물노동자들의 구술생애사」라는 주제로

---

16 소창은 일상에서 흔히 찾을 수 있는 직물이다. 주로 아기 기저귀나 행주로 사용
　되며 혼례에 혼수를 담은 함끈이나 장례를 치를 때는 관끈으로 이용하여 일생의
　례와 밀접한 연관이 있다.
17 구영순 외(2018).

진행한 9명의 구술수집 대상자는 전부 강화군에서 출생하여 평생을 살았던 인물들이며 연령은 70대 중반에서 80대 중반에 이른다. 이들은 황선금을 제외하고 대체로 자소작농 출신의 가정에서 태어나 한국전쟁의 발발로 인해 초등학교를 중퇴하거나 겨우 졸업하였다. 더 배우고 싶은 마음은 많았으나 부모의 반대로 뜻을 이루지 못하자 당시 강화읍을 중심으로 생겨나기 시작한 직물공장에 취업하거나 가정내에서 직접 문직기 등을 이용하여 인조를 생산하는 것으로 일찍 생산활동을 시작했던 이들의 생애사는 그 시대를 살아온 보통의 여성들과 닮은 듯 달랐다.

가정에서 수동식 직기로 생산의 맥을 이어오던 강화인조는 오래전부터 배를 타고 북한 및 남한 전역으로 팔린 강화의 대표 특산물이었다. 일제시기 근대적 직기를 들여와 인조의 질을 높이고 대량생산이 가능하게 되자 산업조합을 만들어 직물생산을 활성화 시킨 것도 강화의 특징이었다. 강화인조의 상품성을 알아본 거대자본이 1935년의 조양방직 등 근대적 공장을 설립하고 그 후 모든 것이 파괴된 한국전쟁 이후의 강화인조의 특수를 부추긴 요인이 되기도 하였다. 천연비단 만큼이나 부드러운 감촉, 세탁 및 보관의 용이함, 저렴한 가격, 화려한 문양이 특징인 강화인조는 화학섬유제품이 일반화되기 전 모든 사람들의 필수품처럼 여겨졌다. '풍기인견'으로 대표되는 인조견 시장에서 강화인조는 사라졌고 수십개의 인조 직물공장이 있었던 강화읍은 이제 '소창체험관'이 대신 자리 잡고 있을 뿐이다. 비록 직기 명칭은 기억하지 못해도 직물 짜는 방식, 연경하는 방식을 아직도 자

[그림 23] 1970년대 향교에서 가두행진을 준비하고 있는 강화여고 학생들의 모습
(출처: 『강화의 어제와 오늘』, 2008, p.132)

동적으로 손이 기억하는 여성들이 있다.

　강화 여성 직물노동자들의 생애사는 한국전쟁으로 인해 고향
으로 돌아갈 수 없는 피난민들, 남편을 잃은 젊은 과부들, 더 이상
학업을 이어나갈 수 없었던 가난한 집안의 여성들이 선택할 수밖
에 없었던 운명과, 이를 통해 황폐해진 지역 경제를 일으킨 것으
로 우리나라 근현대 여성의 삶의 단면을 보여주고 있다. 19세기
말 서양제국주의로부터의 개항은 강화도조약을 체결함으로써 시
작되었고 이로 인해 근대적 시설과 서양문물의 도입이 다른 지역
보다 빨랐던 강화 여성들에게 집안에서 살림만 하다가 결혼한 후
에 다시 출산과 양육, 가사노동을 되풀이하는 전근대적 여성의
삶은 애당초 해당되지 않았다. 유교 모범을 제향하고 중등교육
기관이었던 전통시대의 향교에서 고등학교 여학생이 가두행진을
준비하는 공간으로 활용되는 모습은 이를 말해준다[그림 23].

그러나 누구보다 배움에 대한 열정이 많았고 자신의 삶을 개척하는데 적극적인 여성들은 한국전쟁으로 인해 무너진 기반시설, 가족의 해체, 경제적 빈곤 때문에 가정이 아닌 직접 생산의 주체로 나섰다. 이것이 바로 초기 한국자본주의의 모습이었고 한국자본주의를 연구하는데 있어서 간과해서는 안될 점이다. 강화여성 직물 노동자들은 일제강점기는 물론 한국전쟁 이후 파괴된 기반시설을 복구하는 과정에 확대발전하기 시작한 직물공장에 취업하여 장시간 노동, 값싼 임금, 열악한 노동환경을 견뎌냈다. 모든 1950~1960년대 다른 여성노동자들의 삶과 다르지 않다. 오로지 부모님을 도와 살림에 보탬이 되고 동생들을 가르치는 데 도움이 되고자 '휴일 없는 하루 12시간 노동'이라는 고난을 감내하면서도 힘들다고 느끼지 않았다. 이들의 헌신은 가정뿐 아니라 나아가 지역경제를 살리는 든든한 밑받침이 되었으나 결코 보상받지는 못했던 삶을 그대로 보여주고 있다. 그때까지 표준근로시간 준수 등 노동자의 정당한 권리, 쾌적한 노동환경 등을 요구하는 '노동자 의식'이나 '집단행동'까지 발현되지 못한 시대적 한계가 있었으나 이들의 탓으로 돌릴 수는 없다.

섬 특유 여성의 강인한 생활력과 특히 강화 여성들만의 훌륭한 손재주를 보여주는 강화 여성들은 남자는 바깥일, 여자는 집안일이라는 분리되고 차별화된 노동이 아니라 가족을 위해 어린 나이에 적극적으로 생산현장에 뛰어들었다. 진학의 좌절감 때문이기도 했으나 집안에만 머물러 있지 않고 부모를 도와 가정에서 혹은 공장에 취직하여 직물을 생산함으로서 '세련된' 사회인이 되었다. 한 마의 직물을 짜고 한 올의 연경을 하는 것은 오랜 시간 축적된 배움과 노동의 결과물이며 나중에는 보지 않고도 자유자재로 손을 움직일 정도의 기술이었다. 수천 가닥의 실로 짜여진 직조 과정에 한 올이라도 끊어진 실은 상품가치가 없기 때문에 무엇보다 매서운 눈과 정확한 손놀림이 중요했다. 북 7개로 만들어진 화려한 색깔과 문양의 인조는 모두 강화여성의 손끝에서 탄생하였다.

이들이 결혼과 동시에 직물공장을 그만두고 새롭게 눈을 돌린 것도 전국 유일의 왕골공예품이자 대표적인 수공예품인 화문석과 화방석이었다. 왕골 씨를 뿌리고 째고 말리는 과정은 함께 하지만 역시 섬세한 손길이 필요로 하는 자리매기는 대체로 여성의 몫이었다. 화문석 제작시에는 염색한 왕골로 무늬에 따라 뜸으로 박아 엮는 꽃자리로 날을 고드랫돌에 감아 가루장목에 늘여놓고, 자리날을 대면서 날실이 겉으로 드러나게 엮어나간다. 씨실과 날실을 엮어 화려한 직물을 짜던 손이 그대로 다시 화려한 자리를 생산한 것이다. 아직도 고가에 팔리는 상류문화의 상징 화문석은 손끝이 야무진 강화여성들에 의해 그 명맥을 유지하고 있다. "강화 사람들이 무서운 거예요. 얼마나 열심히 살았는지. 그르게 다른 데서 강화색시만 얻어갈라고 하잖아"라고 말하는 서영은의 구술에서 강화여성의 강인한 생활력, 야무진 솜씨, 고달픔이 함께 묻어나고 있다.[18]

---

18 김나라(2020).

VII

강화여성 노동자의 삶과 문화접변

1. 강화여성 노동자의 다양한 삶

개신교 여성 크리스찬들은 종종 자신들의 윤리와 삶을 기독교 신앙 원칙에 따라 생활한다. 장로교와 감리교는 이러한 원칙을 다르게 강조할 수 있지만, 일반적인 개신교 여성 크리스찬의 윤리와 삶에 대한 몇 가지 주요 특징은 첫째 성실한 신앙 생활이다. 개신교 여성 크리스찬들은 믿음을 중요하게 여겨 매일 성경을 읽고 기도하며, 그들의 삶을 신앙적으로 지내려 노력한다. 둘째 가족 중심적인 가치를 중시한다. 가족은 개신교 여성 크리스찬에게 중요하며 가정을 세우고 유지하는 것이 하나님의 뜻이라고 믿는다. 가족 구성원들을 성경의 가르침에 따라 가르치려 노력한다. 셋째 사회 봉사와 동정심을 가진다. 많은 개신교 여성 크리스찬은 사회 봉사와 사랑의 행동을 중요하게 생각하여 불편한 이웃이나 필요한 자에게 도움을 주는 데 헌신한다.

네째 도덕적 삶을 중시한다. 개신교 여성 크리스찬들은 도덕적으로 품위를 갖추려고 노력하며, 신앙과 윤리적 가치를 일관되게 삶에 반영하려고 한다. 다섯째 교회 활동이 중심이다. 교회는 개신교 여성 크리스찬들의 사회적 생활에서 중요한 역할을 하여 그들은 교회에서 예배, 선교활동, 주일학교 가르침 등 다양한 활동에 참여한다. 여섯째 개인적 성장과 교육에 헌신한다. 개신교 여성 크리스찬들은 자기 계발과 신앙적 교육에 많은 시간을 투자한다. 성경 공부와 종교 교육을 통해 신앙 강화와 지식 확장에 힘쓴다. 다시 말하자면 개신교 여성 크리스찬의 윤리와 삶은 믿음, 가족, 사회 봉사, 도덕, 교회, 개인적 성장 등을 중심으로 구축되며, 신앙과 일상생활을 조화롭게 유지하려고 노력하며 장로교와 감리교 등 특정 교파는 이러한 원칙을 강조하는 방식이 다를 수 있지만 개신교 여성 크리스찬들의 공통된 가치이다. 크리스찬 여성의 윤리와 삶은 잠언 31장 '현숙한 아내'라는 성경 구절에서 다음과 같이 확인할 수 있다.

"10 누가 현숙한 여인을 찾아 얻겠느냐 그의 값은 진주보다 더하니라. 11 그런 자의 남편의 마음은 그를 믿나니, 사람이 핍절하지 아니하겠으며, 12 그런 자는 살아있는 동안에 그의 남편에게 선을 행하고, 악을 행하지 아니하느니라. 13 그는 양털과 삼을 구하여 부지런히 손으로 일하며, 14 상인의 배와 같아서 먼 데서 양식을 가져오며, 15 밤이 새기 전에 일어나서, 자기 집안 사람들에게 음식을 나누어 주며, 여종들에게 일을 정하여 맡기며, 16 밭을 살펴보고 사며, 자기 손으로 번 것을 가지고, 포도원을 일구며, 17

힘 있게 허리를 묶으며, 자기의 팔을 강하게 하며, 18 자기의 장사가 잘 되는 줄을 깨닫고, 밤에 등불을 끄지 아니하며, 19 손으로 손뭉치를 들고, 손가락으로 가락을 잡으며, 20 그는 공고한 자에게 손을 펴며, 궁핍한 자를 위하여 손을 내밀며, 21 자기 집 사람들은 다 다운 옷을 입었으므로, 눈이 와도 그는 자기 집 사람들을 위하여 염려하지 아니하며, 22 그는 자기를 위하여 아름다운 이불을 지으며, 세마포와 자색 옷을 입으며, 23 그의 남편은 그 땅의 장로들과 함께 성문에 앉으며, 사람들의 인정을 받으며, 24 그는 베로 옷을 지으며, 팔며, 띠를 만들어 상인들에게 맡기며, 25 능력과 존귀로 옷을 삼고, 후일을 웃으며, 26 입을 열어 지혜를 베풀며, 그의 혀로 인애의 법을 말하며, 27자기의 집안 일을 보살피고, 게을리 얻은 양식을 먹지 아니하나니, 28 그의 자식들은 일어나 감사하며, 그의 남편은 칭찬하기를, 29 덕행 있는 여자가 많으나, 그대는 모든 여자보다 뛰어나다 하느니라. 30 고운 것도 거짓되고, 아름다운 것도 헛되나, 오직 여호와를 경외하는 여자는 칭찬을 받을 것이라 31 그 손의 열매가 그에게로 돌아갈 것이오 그 행한 일로 말미암아 성문에서 칭찬을 받으리라"[1]

개신교 여성 크리스찬의 직업윤리는 종종 개신교 신앙 원칙 위에서 첫째 일과 업무를 성실하게 수행하고, 정직하게 행동하는 것을 강조하고 거짓말이나 부정한 행동은 피하며, 하나님 앞

---

1 『성경전서(2017)』 구약전서, p.946.

에서 책임을 질 것을 믿는다. 둘째 직업적인 결정을 할 때, 도덕적 가치와 원칙을 고려하여 돈을 벌기 위한 이윤만을 따르지 않고, 타인에게 해를 끼치거나 도덕적으로 문제가 있는 일을 피한다. 셋째 개신교 여성 크리스찬들은 근면과 책임감을 가지고 일을 하려고 노력해. 그들은 하나님이 주어진 일에 축복을 내리시기를 기대하며, 능력을 최대한 발휘한다.

넷째 직장에서 다른 사람들과의 관계에서 공정함과 배려를 중요하게 생각하며 동료들과의 협력을 강조하고, 타인의 의견을 존중하며, 갈등을 조화시키려고 노력한다. 다섯째 일부 개신교 여성 크리스찬은 사회적 책임을 다하는 것을 중요하게 생각해 자선활동이나 사회봉사를 통해 가난한 이웃을 돕는 등 사회에 기여하려고 한다. 여섯째 직업과 가정 생활, 교회 활동을 균형 있게 유지하려고 노력하며 교회의 활동과 직장 업무, 가족의 요구 사항을 조화롭게 조절하려고 한다. 요약하자면 여성 크리스찬의 직업윤리는 성실함, 정직, 도덕성, 근면, 공정함, 배려, 사회적 책임, 교회와의 균형 등을 중시하며 이러한 원칙은 그들의 직업적 선택과 행동에 중요한 역할을 한다. 이러한 관점에서 구술자들의 구술 내용을 간략하게 정리하여 보면 다음과 같다.

남궁정(83세)은 가족이 직물공장 운영하여 조합을 통해 오랫동안 집에서 직물을 짠 경험이 있었으며 약 2년간 인조생산하였고, 본인이 직물을 짠 경험은 많지 않지만 한국전쟁 전에 구술자의 부모님이 강화산업에 종사하였고 집에서 직물공장을 운영하였다. 구영순1(77세)은 유한열직물공장에서 6개월, 남도직물 4

년, 이화직물 4년 근무하여 다른 구술자들에 비해 다양한 직물
회사에 근무하여 당시 직물공장의 분위기, 출퇴근할 때의 에피
소드 등을 재미있게 구술하고 있다. 황옥연(81세)은 심도직물
7~8년, 부부가 함께 심도직물 8년 근무하였고, 당시 심도직물
에서 기술자로 일하던 남편을 만나 결혼하였다. 대체로 심도직
물의 초기 근무환경 등은 잘 구술하고 있다. 김송자(76세)은 심
도직물 8년, 결혼 후 부부가 함께 족탁기로 11년간 소창생산(태
광직물)을 하며 기업가로 발돋움한 후 약 30년간 화문석 생산하
고 송하교회 권사로서 자신의 재산 일부를 교회에 헌납하며 기
독교 자본가로서의 삶의 모습을 보여준다.

　최혜자(77세)은 조양방직 5년, 심도직물 5년 근무하였으며 결
혼 후 40년간 화문석을 생산하였으며 아버지와 오빠, 본인까지
직물공장에서 근무한 경험이 있는 강화의 대표적 초기 인조생산
공장인 조양방직의 근무환경과 심도직물에서의 최고수준의 인조
생산을 한 자부심이 강한 여성노동자였다. 구영순2(구금순)(80
세)은 약 4년간 가내 직물 생산 결혼 후 40년간 화문석 생산. 약
1년간 교산리에서 남의 가정집에 있는 문직기로 직물을 짜다 직
접 집에서 문직기를 들여놓고 결혼 전까지 약 4년간 소창, 고방
등 직물을 생산한 여성노동자였다. 한상례(87세)은 결혼 전 수년
동안 문직기로 인조 생산 결혼 후 수년간 소창, 수십 년간 왕골방
석 생산하였다. 양사면 북성리에서 출생하여 하점면 신봉리에서
결혼생활을 한 그녀는 결혼 전 가정에서 문직기로 인조를 생산하
고 결혼 후 소창을, 이후 왕골방석을 수십 년 동안 생산한 노동자

의 모범이다.

　유순경(77세)은 유한열직물공장 3~4개월, 십자당직물 1년, 동광직물 15개월, 세창직물 약 1년 반, 삼호직물 6개월, 심도직물 7년 근무하였다. 17세인 1958년부터 약 17년 동안 강화에 최병록 직물공장에서 1년 반 근무하여 거의 모든 분야를 경험하면서 각 공장별로 특징 및 함께 일한 사람들, 직책에 따른 노동의 과정을 조리있게 설명할 정도로 착실하였다. 황선금(86세)은 강화산업조합 황우천의 일가의 한 사람이며 한국전쟁시기 부역혐의로 구금 후 석방, 하점면 일대 부자면서 강화산업조합을 발전시키고 강화 여중을 설립한 황우천 일가이다. 그녀는 황씨 일가 사회주의 경력에 대해 자세히 알고 있었다. 그녀는 동명고녀 출신이면서 한국전쟁 시기 민학활동을 하였고 집안 일가 대부분이 월북하여 본인이 부역 혐의로 구금되었다가 본인을 체포하러 왔던 경찰특공대원과 결혼하여 희생을 면했다고 하는데 강화 산업의 발전과 함께 그녀의 일생은 한국 자본주의의 단면을 보여준다.

　유순경을 제외하고 결혼과 동시에 모두가 직물공장을 그만두었다. 결혼하면 출산 및 육아, 집안 살림을 하는 것이 당연한 여성의 소임이라 여긴 사회분위기 때문이었다. 개인적 사정으로 결혼 후에도 직물공장을 계속 다녔던 유순경 또한 기혼자가 공장에 다니는 것이 부끄럽다고 생각하였다. 이런 이유 외에도 '장시간 노동'으로 함축될 수 있는 직물노동의 과정은 결코 쉬운 것이 아니었기 때문에 가사노동과 노동을 병행하는 것은 만만치 않은 일이었다.

결혼 후에도 직물노동을 계속한 이는 유순경과 김송자였다. 연경자라는 고급 기술에 대한 자부심, 많은 월급, 남편의 월급만으로 유지하기 어려운 가정환경 등이 유순경을 공장에 나가게 한 요인이 되었다. 김송자는 직물 짠 경험을 이용하여 결혼 후 남편과 함께 가내 공장을 만들어 소창을 짰다. 김송자는 다른 사람 도움 없이 약 11년 간 족탁기 4대를 쉴 새 없이 돌려 빠른 시간 안에 경제적 안정을 이룰 수 있었다. 유순경은 결혼과 동시에 남편이 군대를 갔기 때문에 가사노동에 대한 부담이 없어 직물 공장에 계속 다녔고, 아이를 출산한 후에도 약 1년간 집에 있는 시간이 너무도 답답하여 큰아이가 돌이 되자 친정 어머니에게 육아를 부탁한 후 계속 공장에 다녔다.

1943년 출생인 김송자 여성 직물 노동자는 강화 송해면 하도리 출생의 어머니가 영월로 시집간 후 부평으로 이주, 다시 강화에 정착하면서 강화 덕하교회 권사로서 아직 생존해 있다. 그녀는 부모님이 강화 집을 팔아 서울로 사업을 하게 되면서 할머니와 외할머니 집에서 더붓살이하던 중 18살 되던 해 심도직물에 동네 언니에게 부탁하여 직물 노동자가 되었다. 강화 관청리 소재 심도직물에 걸어다니며 인조견 후다직으로부터 시작하여 숙련직으로 노동자가 되었고 26살에 결혼하였으며 남편을 도와 족탁기 4대를 구입하여 하루 10필을 짜는 기업가가 되었다.

그녀는 판매를 위하여 '태광'직물이라는 상호를 등록하여 10년간 운영한 자본가였다. 직물 조합이 들어섬으로서 납품이 가능하였는데 사업을 확장 운영하지 않고 꾸준히 성장하여 토지를

1만평 이상 구입할 만큼 건실한 자본가로 성장한 후 인삼재배, 왕골과 화문석 생산으로 비교적 중견 자본가가 되었다. 1일 2교대와 곱빼기 근무를 하면서 돈을 모은 후 부보님의 빚을 갚아주는 일 등 전통적인 유교적 가치를 중시하는 생활을 하였다. 2남 3녀의 자녀 중 차녀가 백혈병으로 사망하는 고난을 겪었으나 하나님의 은혜로 일시적으로 소생하는 경험을 하게 되어 덕하교회 교회 터와 묘지를 기부하였다. 그동안의 노동을 천직으로 살아온 삶이 하나님의 구원이라는 확신 속에 신앙생활을 계속하고 있었다. 직물노동자로서 생활할 때도 계, 저축을 성실히 하여 자기 자신보다는 가족과 이웃을 위하여 헌신과 희생을 한 삶은 강화 여성의 모범이 되며 특히 기독교적인 구원의 확신 속에 살아간 삶의 궤적을 보여준다.

2. 자본가의 삶과 교회생활

1945년 평양직물 검사소에 근무하던 김재소는 1946년 강화에 정착하여 고모부 마진수의 도움으로 40여대의 자동직조기, 일명 도요타 견직기를 수입하여 심도직물을 1947년 창업하였다. 그의 아내 조운상 여사는 1958년 4월 24일 대한예수교장로회 강화읍 제일교회를 설립하고 강화의 도화정이라고 하는 땅 1,700평을 헌납하여 예배당이 건립되었다. 심도직물의 견직산업은 번창을 하고 1962년 1,200여명의 직원이 매주 월요일 기독교 교회예배를 드릴 정도로 직업과 신앙을 일체화시키는 노력을 기울였다. 동광직물, 이화직물 등 20여개 직물업체의 중심이 된 심도직물은 1992년 부도 처리될 때까지 강화 뿐 아니라 한국의 견직물 산업발전에 큰 영향을 미쳤다. 2008년 10월 12일 사망한 조운상 여사의 추모비와 글이 한국 초기 자본주의와 기독교의 영향을 보여준다.

"도화정에서 교회가 서다.

강화도하면 1960년대 전후하여 전국에서 비단, 즉 견직물 산지로 이름나 있는 곳이다. 그 가운데 심도하면 그 또한 가장 아름다운 비단 색동이 생산되는 직물 회사로 유명하였다. 강화사를 살펴보니까, 견직기 230여 대에 그 당시 최신 시설을 설비하고, 직원은 1200여 명이 주야로 일하며, 생산되는 직물은 국내 시장은 물론이고 외국으로도 수출되었다고 한다. 그로 인하여 강화군은 군내의 자립도가 전국에서 상위권에 있던 것으로 70년대 초 통계연보를 통해 알 수 있다.

전능하시고 능력이 많으신 우리 하나님은 이런 큰 회사를 세우게 하시고 경영하게 하셔서 1958년 4월 9일 그로 하여금 하나님의 집을 도화정에 세우게 하시고, 1959년 6월 9일 주님은 조운상 권사님을 세우시고 임직케 하여 하나님께 감사와 영광을 돌리게 교육관을 건축케 하였으니 그리고 하나님 앞에 몸과 마음을 바쳐 일하게 하셨으니 그 권사님은 나의 갈 길 다 가도록 충성하시고 2008년 10월 10일 하나님의 부르심을 받아 천국에 갔으나 당회의 교회는 하나님께서 귀하게 쓰시던 그 믿음에 여종의 신망을 기리기 위하여 명예 장로로 세우시고, 그 공적비를 성광교회에 뜰에 세웠다.

본당 후편 느티나무 아래 42년의 역사를 간직하고, 희뿌연 판자로 데모질 당하여 수년을 폐허로 사람들에게 외면당하여 흘러오는 교육관을 대할 때마다 보는 이의 마음을 아팠으리라 생각되며, 하나님도 우리와 같으셨을 것이다. 1988년도 예배당을 새로 건축하기 전에는 당회장실, 교회 사무실, 천광유치원, 성광선교원, 교회, 학교 등으로 사용하여 교회와 교육의 요람이었으며, 지금은 그 아이들이 성장하여 30대 중반으로 교회와 사회 활동에 활동하고 있다.

1972년 강화읍 도시계획에 의하여 건설부 고시 제380호로 본당과 교육관 사이에 12m 도로 계획 편입으로 인하여 교육관을 개척할 필요가 없어 교회에서 애물단지로 방치하게 되었으며, 그러던 차에 교회가 할 수 있는 방안을 찾아 청원서를 해당 기관에 몇 차례 올리게 되었고, 하나님 앞에 기도하던 중 하나님께서 담당 실무자들을 움직여 2008년 10월 13일 광화문 고시 제 2008 56호로 도시계획 변경에 의하여 도로 계획에 제외되었다.

그리고 2011년 3월 10일 강화 성광 평생 경로대학이 설립 개강됨으로써 우리 교회 65세 이상 어른들과 강화읍 지역 어른들을 대상으로 특히 기독교 신자들은 경로당을 이용하시기 환경적 분위기가 허락되지 아니하여 교회가 경로대학을 설립, 어른들은 학생으로 모시고 건강체조 특강 특별활동으로 찬양과 율동, 서예, 묵화, 그림색칠하기 등 유익한 시간을 제공하여 남은 여생을 즐겁게 교육하며 사회에 봉사하고자 평생교육의 문을 열게 되었으나 교육관이 필요하며 이를 계기로 방치된 교육관을 중수하게 되었다.

교회가 뜻을 모아 물질적 헌신과 봉사로 2011년 8월 18일부터 약 40일간 연인원 191명이 동원되어 2천만 원의 자재비를 들여서 교육관 중수 공사를 마치게 되었다. 보는 바와 같이 쾌적한 새로운 모습으로 교육관이 탄생하였다. 이 교육의 장을 통하여 한국교회와 나라와 민족, 그리고 5대양 6대주를 주관할 수 있는 반기문 유엔 사무총장 같은 훌륭한 인재가 우리 교회에서 장차 나오기를 기도한다. 그동안 수고하신 모든 분들께 다시 한 번 머리 숙여 감사드립니다. 강화성광제일교회 이주호 장로"

[그림 24] 기독교인 조운상 여사의 공덕기념비(출처: 필자 촬영, 2023.7.8.)
강화성광교회 정원에 건립되어 있음.

[그림 25] 조운상 권사가 설립한 강화성광교회 전면(출처: 필자 촬영. 2023.7.8.)

조운상 권사의 전도 활동과 달리 1965년 강화성당의 전 미카엘신부가 심도직물의 열악한 환경에서 근무하는 여공들을 모아 가톨릭노동청년회(JOC) 심도직할분회를 설립했다. 1967년 JOC 회원은 심도직물 노조를 시작으로 다른 직물공장에도 노조를 결성하였다. 이에 노사 갈등이 본격화되며 1968년 심도직물은 분회장 및 조합원을 해고하면서 다른 공장의 해고자도 대부분 천주교 신자였다. 또한 강화직물협의회는 JOC소속은 고용하지 않겠다는 결의문을 발표한다. 당시 JOC총재 김수환 신부는 노조를 지지하며 주교단 명의로 성명서를 발표하면서 종교·정치권 문제로 확대되자 강화직물협의회는 결의사항을 철회하고, 조합원 대부분이 복직시켰다. 심도직물의 설립자 김재소 회장은 1967년 제7대 국회의원(김포군-강화군 지역구)이었으며 1971년 재선에 실패 후 1972년 고혈압으로 사망하였다.

3. 문화접변과 초기 자본주의의 전개

　한국에 전래된 개신교 감리교는 미국의 북감리교파이었다. 영
국인 웨슬리가 창시하고 미국에서의 부흥 이후 1784년에 독립교
파를 형성한 감리교는 다시 남북전쟁의 영향으로 남북으로 분리되
었다. 북감리교인들은 웨슬리의 표어인 '기독자의 완전'을 향한
체험신앙을 강조하면서 말보다는 사랑의 행동을 앞세운다. 이는
사물과 사람과의 관계에 대하여 사물의 소이연(所以然)보다 사람
의 소당연(所當然)을 강조하는 하곡학의 치양지(致良知), 즉 만물
일체설과 통하게 되는 '자신의 마음 속에 있는 양지가 이웃과 백성
을 향해가면서 그들의 힘겨움이 곧 나의 힘겨움이 되는 상태가
양지의 실현이다'[2]라고 하였다. 사상은 만물일체, 정신적 목표는
심학, 사회적으로는 신분제폐지 등을 주장하는 양명학은 물론 조
선사회의 사당과 문중을 중시하고 강독이 이루어지는 서원의 전통
은 강화양명학에도 고스란히 남아 있었고 이것이 감리교의 전래에
의한 문화접변 시 선택의 메커니즘으로 작용하였다.

　다시 말해 개신교 감리교가 강화지역에 전래되어 만나게 된
강화양명학과 개신교 감리교의 두 문화가 문화접변에 의하여 강
화양명학적 토양 위에서 수용된 것이다. 두 문화의 요소를 비교
해보면 알 수 있다. [표 8]은 제의 장소, 교육, 조직, 사회적 관
계, 사상, 정신적 목표, 선교전략, 실천분야 등으로 나누어 강화

---

2 이상호, 2008, p.181.

양명학과 개신교 감리교의 문화요소를 보여준다. 강화양명학은 사당에서 제의를 올리며 자녀들은 향교나 서원에서 중등교육을 시키고 자신의 문중조직을 중시하지만 신분제폐지를 이상으로 삼았다. 마음의 수련을 통하여 만물을 바라보며 유교 경전을 읽고 깨우치지만 의례보다는 실생활을 강조하였다. 개신교 감리교는 기도처나 교회당에 모여 예배를 보고 교회 부설 주일학교(후일에 의숙으로 바뀜)를 중심으로 자녀를 교육시키며 문중보다는 만인제사장으로서 평등을 주장한다. 하나님을 성령으로 체험하여 기쁨과 찬양을 강조하는 동시에 이웃을 구제하는 실제 활동을 한다.

[표8] 강화 유학과 감리교의 문화요소 비교(옥한석, 2014, p.711 재인용)

문화요소/구분	강화양명학	개신교 감리교
활동장소	가신, 사당	교회
교육	향교, 서원	의숙
조직	문중	만인
사회적 관계	신분제 폐지	만인평등
사상	만물일체	보편신
정신적 목표	심학	개인적 체험, 자유의지
전수 전략	강독	노래와 찬양
실천분야	실학	사회적 관심

여성크리스찬에게 영향을 끼친 감리교가 우세한 강화지역은 서울과 인접한 섬으로 예로부터 농업과 수산업이 발달하여 제조업은 그다지 성장하지 못했다. 화문석과 더불어 강화비단이 강화 특산물로 이름을 높일 만큼 직물제조업은 활발하게 성장하였

다. 강화비단은 '인견'이나 '인조견'이 아닌 '강화인조'라는 고유
명사로 전국에 팔려나갔다. 각 가정에서 전통방식으로 생산되던
인조는 1910년대에 하점면 김동식이 직기를 개량하여 생산의 증
가와 강화인조의 질을 향상시켰고, 1916년에는 강화직물조합이
설치되어 직물의 품종개량에 주력하는 한편 국고보조금을 얻어
공동작업장을 설치하였다. 1931년 다시 도 평의원 황우천에 의
해 강화산업조합이 확대·창설되어 조합원들에게 원료를 공급하
고 직접 공장 형태로 직물을 생산하여 강화인조생산을 활성화시
키는데 크게 이바지하였다.

조양방직은 1937년 홍재용, 홍재묵 형제가 설립한 방직공장
이다. 설립 당시 125,000원(현시가 60억 원 내외)의 자본금으로
시작하였으며 700여 평의 2층 건물과 50여대의 직조기를 갖추
고 인견과 마직물 염색을 주로 하였다. 하지만 설립 이후 착공에
이르기 까지 많은 우여곡절이 있었다. 공장 가동 후 1년여가 되
는 1939년에 큰 화재가 나서 소실되고 말았고 피해액은 40만원
(200억 원 내외)에 달했다고 한다. 설립 초기에 사장은 형인 홍세
묵이 맡고 일본에서 대학을 나온 동생 홍재용이 부사장을 맡아
운영하였다. 하지만 1942년 미쓰비시 산업에서 일하던 이세현
에게 공장을 매각하였으며, 이세현은 아들 이현일과 함께 조양
방직을 운영하다가 한국전쟁을 거쳐 1958년에 폐업한다.

평양에서 강화로 이주하여 정착한 김재소, 조운상 부부는
1948년 심도직물을 창업하였다. 1968년의 직물노동조합 설립으
로 말미암아 사회적 분쟁이 널리 알려지기까지 강화직물 산업의

중심에 서게 되었다. 견직물 산업으로의 성공적인 산업화는 1918년 김동식의 개량직조기 도입, 1931년 대지주 황우천의 금융조합의 일종인 강화산업조합 설립, 1937년 대지주 홍재묵 형제의 조양방직 설립, 1947년 심도직물의 설립으로 이어지면서 직물공장의 수많은 여성 노동자가 배출되면서 한국 자본주의의 초기 모습을 잘 보여준다.

20세기의 근대 의료기관의 도입과 시술의 확대로 인구가 급증하면서 전문교육을 받지 못한 여성들이 가정과 노동에 헌신하면서 자본주의의 발전을 이끌어왔다고 보아야 한다. 특히 여성들은 강화의 감리교 확산에 따라 유교적인 여성의 지위를 극복하고 노동현장에서 가정과 이웃을 지켜낸 한국 초기 자본주의의 특성을 보여준다고 하겠다. 엘리사 퍼키넌의 '문화의 안과 밖'에 대한 논의를 적용해보면 강화지역 사회에서 공유되는 문화 안의 문중 중심, 신분제폐지, 만물일체, 심학, 강독 등 가족 중심의 유교적인 가치, 신념, 관습 등이 문화 밖의 만인, 만인 평등, 보편신, 자유의지, 노래와 찬양 등 개신교 문화와의 접촉하여 상호작용을 거치면서 자본주의적인 직물산업 발전을 이끌어왔다고 보여진다. 퍼키넌이 말한 사회적 상호작용이 다양성과 유사성의

---

3   1965년 강화성당의 전 미카엘신부가 심도직물의 열악한 환경에서 근무하는 여성근로자를 모아 가톨릭노동청년회(JOC) 심도직할분회를 설립하였는데 이후 다른 직물공장에도 노조가 결성되면서 노사갈등이 본격화되고 1968년 심도직물 등은 분회장 및 조합원을 해고하게 된다. 강화직물협의회는 가톨릭노동청년회 소속은 고용하지 않겠다는 결의를 발표하게 되면서 가톨릭이 노동문제에 개입하는 사건이 발생한다. 1967년 심도직물 설립자 김재소는 제7대 국회의원

관계를 가져왔는데 이러한 문화적 접합은 1970년대에는 사회운
동화하여 민주투쟁으로 발전하게 된다[3].

으로 당선되었지만 1971년 재선에 실패하고 1972년 고혈압으로 사망하게 되는
데 자본과 정치와 종교와의 관계가 선순환관계인 것이 아닌 점을 잘 보여준다.

VIII
결론 및 시사점

이 연구는 강화지역을 사례로 하여 한국 자본주의의 초기 과정에 대하여 이해하고자 하였다. 강화지역. 이른바 강화도는 강화섬과 교동도 등 수 개의 섬으로 이루어진 지역으로 오랫동안 고립된 독자성을 지닌 지역이다. 1960년대 이전까지 직물산업(textile industry)의 핵심지역으로 자리하였다는 점에 주목하여 초기 한국 자본주의의 모습이 발견될 수 있는 지역으로 선정하여 연구에 착수하게 되었다. 특히 지리적 고립성으로 말미암아 자본주의 발전 모델이 단순화될 수 있는 연구의 잇점이 있다.

직물산업화가 실현되기 위해서는 직물산업의 초기 혁신가가 등장하고 자본이 축적될만한 여건이 허락되면서 산업노동자에 의한 조직이 나타나야 하는데 이러한 요소들을 강화지역은 고루 갖추고 있다. 간척에 의한 농경지 확보로 인하여 미작생산량의 증대에 의한 자본 축적이 가능하였으며 여성 섬유노동자의 출현이 중요한데 강화지역은 여성근로자층이 일찍 형성되어 대규모 산업화가 가능하였다. 전통적인 가부장적 유교질서 속에서 여성은 '남존여비'의 사회적 지위에 속하였는데 강화지역은 유교적 구악습을 탈피하여 섬유노동자가 대개 출현하여 산업발전을 이루어낸 사실은 대단히 특이하며 이 지역의 기독교 전파와 관련해 볼 수 밖에 없다.

이러한 문제 의식에 기초하여 전통적인 직조업으로부터 자동화된 직기의 도입을 가져온 기업가의 등장과 함께 이러한 직조기술에 적응하여 숙련된 노동자집단이 형성되어야만 산업발전이 이루어진다. 강화지역을 중심으로 직물조합이 결성되고 조합을 통한 산업활동이 활발하도록 촉진시킨 근로자, 특히 여성근로자의 출현 등을 강조하여 연구를 수행하고자 한다. 자본주의란 노동과 자유계약의 가치가 실현되고 이에 의한 자본의 축적이 이루어져야만 가능한 일이기에 강화 섬유산업발전에 대한 여성 노동자의 등장을 강조한 이 연구는 초기 한국 자본주의 발전에 대한 의문을 어느 정도 해소할 수 있다고 본다. 연구 결과는 다음과 같다.

제1장 서론은 유교 및 기독교 정신과 자본주의와의 관계에 관한 연구동향을 소개하였다. 가정에서 부업으로 생산하던 것과는 성격이 다른 임금 노동자 성격을 가진 임직(賃織)이 나타났음을 강화직물산업 연구에서 밝혀졌다. 여성노동자에 의한 초기 자본주의의 전개라는 주제는 국사편찬위원회가 실행한 여성구술 자료를 통해 살펴볼 수 있게 되었다. 한국의 초기 자본주의의 발달에 관해서는 자생적 자본주의론이나 일제식민지자본주의론에 대하여 상업자본을 중심으로 연구된 바 있다. 구한말 상업자본

의 발달과 수공업의 지배가 이루어졌지만 산업자본의 발전에까지 이르지 못하여 한국의 자본주의 발전은 일제강점에 의하여 기형화되었다고 보았다. 실학사상이 발흥하는 가운데 기독교의 영향으로 일제의 침략이 없었다면 자본주의가 발전할 수 있었다고도 하였다. 강화는 지주와 소작관계가 잔존한 전통적인 농업에 의존하였으므로 자본주의가 싹트기에는 어려웠다. 하지만 지주 자본가가 등장하여 직물산업을 발전시키게 되어 강화에서 근대가 이루어질 수 있는 연대는 대략 1930년대라고 보았다. 대한제국 내에서 자본주의 경제 시스템이 구축되어 갔음에도 불구하고 일본의 경제적 통제와 지배를 받는 일본 위주의 정책과 법령으로 대체되어 조선의 주민들은 경제적 자유와 권리가 심각하게 제한되었다.

제2장은 기독교와 자본주의 정신에 관하여 제1절 막스베버의 기독교와 자본주의 정신연구, 제2절 자본주의 정신의 전개로 나누어 살펴보았다. 베버가 '프로테스탄티즘의 윤리'라는 말을 쓴 것은 프로테스탄티즘의 종교적 가치가 일상생활의 윤리와 결합되었기 때문이며 종교적인 금욕주의가 수도원에서의 고행이 아닌 세속적인 직업 활동에 적용되었다. 사실 금욕주의는 가톨릭뿐만 아니라 불교, 이슬람교, 힌두교 등 대부분의 종교에서 찾아볼 수 있는데, 세속적인 욕망을 억누름으로써 타락하고 더럽혀진 속세와 최대한 거리를 두고 고결한 신의 세계와 조금이라도 가까워지려는 태도라고 할 수 있다. 칼뱅주의는 원래 비세속적일 수밖에 없는 금욕주의를 속세로 끌고 나왔고 베버는 이러한

금욕주의를 모순된 표현이긴 하지만 '세속적 금욕주의' 라고 부를 수밖에 없었다.

자신의 쾌락을 억제하는 초기 자본주의 정신과 달리 이후의 자본주의 경제는 과잉생산과 소비를 거치는 공황이 나타나게 되어 끊임없이 변화하는 근대사회에 적응하는 정신이 나타나게 되었다. 자신이 필요로 하는 만큼 소비하고 생산하는 노동자계급의 공산주의 사회와도 서로 대립하게 되었다. 베버의 명제에 대하여 명확하게 반기를 든 이가 칼 마르크스이다. 노동은 고통이며 이를 이겨내는 과정이 구원이라고 한 기독교의 논리와 달리 노동은 인간의 신성한 가치이며 노동이야 말로 참된 인간성을 실현하는 수단이라고 하며 자본과 기술을 소유한 이가 노동을 착취하는 일은 타파되어야 한다고 하였다. 마르크스는 노동은 신성한 가치이므로 노동을 착취하고 노동자를 노예화한 자본가를 타도하여 자신이 필요로 한 만큼 생산하고 소비하는 이상사회를 주창하였다.

제3장은 제1절 유교와 양명학, 제2절 양명학과 자본주의 정신. 제3절 유교 사회 여성의 삶으로 구성되었다. 강화양명학과 자본주의 정신에 관하여 정제두에 연원을 두고 강화와 일정한 관련을 가지면서 조선 양명학을 강학하였던 학맥을 '강화학파'라 부른다. 이들의 학문을 '강화양명학'이라고 부른다. 이들은 전통적 유교 이념과 사상의 바탕 위에 서양의 신기술을 수용하여 독자적인 문명 수립의 보수적 개혁론을 주장하였다. 강화양명학은 양명학의 정신을 수용하였지만 양명학과는 다르다. 또한

중국의 양명학이 서민대중을 강학의 대상으로 삼았으나, 강화양명학은 가학(家學)의 형태를 완전히 벗어나지는 못하였다. 양명학은 인간의 평등과 존엄을 강조하였으나, 강화양명학은 정주학의 허위를 극력 비판하는데 중점을 두었다. 강화양명학은 선비(士)가 상인이 될 수도 있을 뿐만 아니라 상인도 선비로 진출할 수 있는 사상적 토대를 마련해 주었다. 일제 강점기에 일부는 만주로 망명하여 국가 주권의 회복을 기대하는가 하면, 일부는 국내에 남아서 국학 연구에 몰두하고 민족 자존심을 고취시키는 운동을 전개하였다.

유교사회에서 여성은 남편과의 관계에서 충성과 순종을 지켜야 하고 남편에게 불충을 범하는 것은 큰 죄악으로 여겨졌고 여성은 자기 의지대로 행동하거나 독립적인 결정을 내리는 것을 금지되었다. 유교적 윤리에서는 도덕적으로 순결하고 정조한 삶을 살도록 권장되고 여성은 그릇되거나 저속한 언어를 사용하지 말아야 해서 말과 행동은 언제나 적절하고 예의 바르게 해야 했다. 이러한 태도는 유교적 윤리와 가부장적 가족 제도를 강조하며, 여성의 역할은 남편과 가족에 대한 복종과 예의 바르게 행동하는 것으로 정의했다.

제4장은 제1절 강화의 기독교 전파, 제2절 개신교 감리교와 자본주의 정신 제3절. 강화양명학의 개신교 감리교 수용으로 구성되었다. 강화의 기독교 전파와 개신교 감리교의 수용에서는 교산교회와 홍의교회의 신도들이 성직자들의 선교에 의해서가 아니라 스스로의 노력으로 신앙에 입문하는 자립교회의 특성을 보였

다. 홍의교회 신도들의 경우 검은 옷 입기와 새로운 돌림자 이름갖기 운동 등을 전개해 선교 역사의 독특성을 보여주었다고 하였다. 이러한 초기의 창의적 신앙행위는 강화 전역에 퍼져나갔고 한국 그리스도교 공동체 성장의 밑거름이 되었다. 강화지역은 양명학적 뿌리가 긍정적으로 작용하고 개명을 통해 부자간에, 이웃 간에 공동체를 유지하는 탁월한 선교 전략에 의하여 개신교 감리교가 수월하게 수용되었다. 강화지역의 개신교 감리교 전래는 강화양명학의 문화선택에 의하여 문화접변이 이루어졌지만 집안을 중시한 유교적 공동체가 기독교적 공동체로 완전히 동화(assimilation)되었다고 보기 힘들며 종교적 혼합주의(syncretism) 양상을 띤다고 하겠다. 강화양명학자들은 향교와 같은 교육기관에 의존하지 않고 가학(家學)으로 부자지간에 이념이 전승되어 왔는데 이들이 의숙이라는 근대교육기관을 채택한 일은 혼합주의의 또 다른 양상이라고 보겠다.

제5장은 제1절 농지확장과 지주제 경영, 제2절 지주제의 성격, 제3절 강화의 지주제와 임차농자본주의로의 부전환으로 구성되었다. 1930년대 강화지역 소작농의 실상을 보면 대부분이 춘궁상태에 있었다. 전체 농가의 2/3가 소작농이었으므로 자신의 농지가 없음에 따라 거래의 자유는 실현되기 어려워 자본주의가 싹트기 힘든 상황이었다. 강화 주민 가운데 대다수 소작농의 경제상태는 오히려 부채의 증가로 인한 궁핍화 현상을 보이고 있으며, 지주계급 및 관제 금융기관에 의해 이중삼중의 착취를 당하고 있었다. 강화주민 중에 목면 직물을 부업으로 삼고 있

는 농가가 있어 경제생활에 약간의 향상을 초래할 수 있었다. 농촌사회에서 소작농이 우위를 점하고 이들이 상업작물을 재배하기 위한 인클로저에 도달하지 못하였으므로 상품 구매력의 감소를 가져와 전반적으로 경제상태를 위축시켰으며 자본주의 발달을 저해하였다. 강화지역 대부분의 지주들도 봉건적인 생산관계를 완전히 탈피하지 못하였으나 일본자본주의 체제에 흡수되고 그 경영이 자본가적 경영으로 점차 전환하고 있었다. 조양방직(朝陽紡織)의 경우처럼 토지자본의 일부와 고리대자본이 산업자본으로 전환한 예에서 알 수 있었다.

제6장은 제1절 강화의 산업자본, 제2절 근대 방적기구의 도입과 발달, 제3절 여성노동자의 등장과 직물조합의 조직으로 구성되었다. 강화의 농업자본이 산업자본으로 산업화할 수 있는 가능성은 강화직물생산이며 강화산업조합(금융) 가운데 직물류에 대한 출자금이 지속적으로 증가하였는데 이는 직물업이 강화의 대표적인 산업임을 나타낸다. 김동식(金東植)과 황우천(黃祐天)에 의한 개량직기 및 자동직조기의 도입이 강화직물 사업을 초기에 발전시켰으며 직물기가 자체 혁신으로 생산되었다. 개신교 감리교의 선교활동에 힘입어 크리스찬 등 여성들은 보다 적극적으로 산업분야에 종사하게 되어 유교적인 여성상으로부터 탈피하였다. 직물업에 종사하게 된 여성들이 고된 노동에도 불구하고 여공으로서의 자신의 가치를 발견하게 된 계기는 강화읍 교회의 여성의 적극적인 교회활동이 있었기 때문이다.

제7장은 제1절 강화여성 노동자의 다양한 삶, 제2절 자본가

의 삶과 교회 생활, 제3절 문화접변과 초기 자본주의의 전개로 구성되었다. 구술자료를 통해 알게 된 9명의 강화여성 직물 노동 자들이 일제강점기는 물론 한국전쟁 이후 파괴된 기반시설을 복구하는 과정에 확대 발전하기 시작한 섬유산업공장에 취업하여 장시간 노동, 값싼 임금, 열악한 노동환경을 견뎌냈던 모든 1950~1960년대 다른 여성노동자들의 삶에 대하여 소개하였다. 오로지 부모님을 도와 살림에 보탬이 되고 동생들을 가르치는 데 도움이 되고자 '휴일 없는 하루 12시간 노동'이라는 고난을 감내하면서도 힘들다고 느끼지 않았다고 한다. 이들의 헌신은 가정 뿐 아니라 나아가 지역경제를 살리는 든든한 밑받침이 되었으나 결코 보상받지는 못했던 삶을 그대로 보여주고 있다. 감리교도 김송자 여성노동자는 사업을 확장하여 건실한 자본가로 성장하였다. 그녀는 부모님의 빚을 갚아주는 일 등 전통적인 유교적 가치를 중시하는 생활을 하였다. 차녀가 백혈병으로 사망하는 고난을 겪었으나 하나님의 은혜로 일시적으로 소생하는 경험을 하게 되어 덕하교회 교회 터와 묘지를 기부하여 그동안의 노동을 천직으로 살아온 삶이 하나님의 구원이라는 확신 속에 신앙생활을 하고 있었다. 자본가 김재소의 아내 조운상 권사는 개신교 장로교 신도로서 일터와 신앙을 일체화시키려는 노력을 하였다. 그녀는 교회 창립과 직장신우회의 예배 등으로 자본과 고된 노동의 틈새에서 노동운동화하는 시대 조류를 어느 정도 극복하였다.

1967년까지 60년간에 걸친 강화양명학과 개신교 감리교 간의 문화접변에 의한 변동과정은 엘리사 퍼키넌의 '문화의 안과 밖'이란 말로 풀어보았다. 강화지역 사회에서 공유되는 문화 안의 '문중 중심, 신분제폐지, 만물일체, 심학, 강독' 등 가족 중심의 유교적인 가치, 신념, 관습 등이 문화 밖의 '만인, 만인 평등, 보편신, 자유의지, 노래와 찬양' 등 개신교 감리교 문화와 접촉하였다. 양자의 상호작용을 거치면서 자본주의적인 직물산업 발전이 이루어졌다고 보았다. 김동식, 황우천, 홍재용, 김재소 등 많은 기업가가 등장하였고 이들은 직물여성 노동자와의 관계, 즉 자본과 노동과의 관계 속에서 한국초기 자본주의 발전을 이끌었다. 이들 자본가와 여성근로자는 '구국(救國)과 자강(自強)'의 정신 아래 서로 협력하였으며 1968년 이후 노동조합의 설립에 따라 자본주의 정신은 새로운 단계로 들어서게 되었다.

이 연구는 다음과 같은 시사점을 준다. 강만길의 「조선 후기 상업자본의 발달」에서 제기한 한국의 자본주의 맹아론에 대하여 어느 정도 해답을 준다고 본다. 강만길 등은 조선 후기 화폐경제의 발달과 함께 수공업자가 직접 자본가로 성장하는 경로보다는 상인이 수공업자를 종속시킴으로서 산업자본가로 되는 길이 보편적 경로였다고 주장하였지만 강화 연구에서는 농업대지주가 오히려 혁신을 채택하여 산업자본가가 되는 경로를 보여주고 있다. 당시 강화의 농업지주를 지배하고 있던 양명학적 세계관이 개신교 감리교의 영향을 받아 구국과 자강의 산업자본주의를 발전시켰다고 할 수 있다. 주자학적인 세계관보다는 강화양명학이 개신교와 서로 영향을 주고 받으면서 한국의 초기 자본주의가 전개되었는데 자본과 노동이 서로 대립되어 투쟁하지 않고 강화는 1960년대까지 자본주의의 길을 걷게 되었다. 강화는 일본제국주의의 침탈 속에서도 강화사회 내부의 힘에 의하여 자본주의 길을 걷게 되었음을 보여준다.

계명의숙 취지서

예기(禮記)에 이르기를 배움은 3대(夏·銀·周) 나라의 공통의 것이라 하였으니 3대의 손익은 같지 아니하나, 학교는 곧 고침이 없었더라.

자기 나라의 도시로 오늘날까지 향리에 치우침이 없으니 당(黨)에는 상(庠, 은나라 주나라 때의 학교)가 있고, 주(州)에는 서(序; 하은주 3대 시대의 학교)가 있고, 시골(鄕)애는 교(校, 학교)가 있고, 마을(里)에는 숙(塾, 글방)이 있어서 4민(사농공상)이 모두 따라서 학교에 다니고(成業), 백관이 이를 따라서 등용되니, 공부하지 않는 사람이 없으니,

(효로 들어가고 공손함으로 나옴)과 나랏님에 충성하고 나라를 사랑하는 마음이 이에 따라 교육 중 성취되어 부지런함으로 밝고 밝은 다스렸으니,

후세에 학교를 폐하니 서양 교육이 오랑캐를 몰아내어 무리가 늘 경박한 문장을 짓고, 실업에 종사하지 않고, 생각함으로 글을 구비하는 것을 습관으로 하여 동아시아의 서양 학교가 이렇게 이르도록 부패하니 통곡할지어다 삼대의 성왕이 어찌 동아인이 아니런가마는.

그 사람이 돌아가심으로 그 가르침이 폐하여 신주(경기지역)의 육침(나라가 적에게 멸망당함)이 여기에 이르렀으니 어찌 한심하지 않으리오. 오늘날 서양의 부강함은 오로지 인재를 교육함에 있으니 지식을 널리 열어서 한가지 물건을 알지 못함으로 근심할 뿐이고, 한가지 일을 완수치 못함으로 책임을 지게 하여, 배움과 사물이 분리되지 않게 하고, 마음과 사물이 분리되지 않게 하여 사물이 나라의 일을 위하고, 나랏일이 즉, 신분이라.

학문과 사물이 분리되지 않는 고로 슬기롭고 교묘함이 날로 융성하고, 나랏일을 맡는 신분이 달리 나눌 수 없는 고로, 부유하고 강대함이 나날이 자라나니, 이렇게 그 법이 옛날에 암합(우연히 일치)하고 오늘날에 마땅함이라. 오늘날 우리 대한에 나라의 치욕스러움이 여기에 이름은 나라 땅이 작아서가 아니며, 백성의 지혜가 낮아서가 아니라 그 허물이 교육을 하지 않음에 있음이라.

공부하지 않는 사람은 마음이 어둡고 지혜가 어리석어서 진실한 마음과 진실한 일을 어우르지 못하니 외국과 통하지 않는 때에는 오히려 스스로 지킬 수 있으려니와 이제 바야흐로 서구와 아시아가 섞여 있는 날이 되어 오토(해와 달), 붉은 이들, 검은 종자들이 넘쳐나나니,

오호라. 나라에 독립의 권리가 없다면 스스로의 힘으로 백성들이 편안함이 있으리오? 말과 생각이 여기에 미치매 끓는 피가 비등하거늘 오히려 늘 (옛)습관을 끈질기게 지키고 달콤함을 위하여 어둡고 어리석으면 이것이 오히려 병이 있음에도 약을 구

하지 않음이요, 죽음에 이르러 삶을 구하지 않는 것이니 이 위태로움을 탄식하노라.

(하은주) 삼대의 법은 멀도다. 불러들이지 말고 이미 잃은 나라를 다시 일으켜 독립의 주권을 다시 서게하여 미리견(미국)과 보노사(프랑스)에서 이미 겪은 좋은 방법이 학교를 생각함으로써 이미 있으니 어찌 행복한 날이 오매 우리 대한이 점점 뜨거운 맥이 한 선에 있어 공립과 사립학교(교숙)이 서로 계속 일어나고 오직 우리 대황제 폐하의 조칙이 자주 내려와서 교육의 진보가 이렇게 따름이 거의이나 유자심주(검은 생각이 스며든 땅)가 바닷가에 피난해 있으니 풍속이 늘 순박하고 듣고 봄이 넓지 못하여 나이 어린 자제들이 신학문을 멀리하더니 다행히 갑자기 뜻있는 여러분들이 새 학교를 설립하는 것을 의론하여 그 이름을 짓기를 계명이라 하니,

계명이라 함은 밝음을 여는 의로움이라 그리하여 이름이 있음에 반드시 열매가 있으리니 계명이란 이름의 학교는 이름으로 이미 있음이라. 소위 진실한 사람은 진실한 마음과 진실한 직업이 이것이니⋯ 이제 힘을 써서 새롭게 공부하여 내 지식을 공개하면 우리들의 두 손이 장차 깨우친 사람의 손이 되어 능히 나의 몸을 보호하고 지킬 수 있으리니 나의 동지들은 열심히 할지어다.

광무 11년 5월 24일 숙장 이건승
번역 강릉원주대학교 명예교수 황원규

1

啓朙義塾趣旨書

禮에曰學은三代共之라ᄒᆞ니三
代之損益은不同ᄒᆞ나學校則莫
或改也라自國都로至于鄕里ᄒᆞ야
不遍ᄒᆞ니黨有序庠ᄒᆞ고州有序ᄒᆞ
고鄕有校ᄒᆞ고里有塾ᄒᆞ야四民
이皆從學校成業ᄒᆞ야

2

從學校登用ᄒᆞ야人無不學之人
ᄒᆞ야入孝出弟와忠君愛國之
心이皆從教育中成就ᄒᆞ야以致
熙皡之治러니後世에學校廢而
政教가隨而陵夷ᄒᆞ야徒尙浮文
ᄒᆞ고不務實業ᄒᆞ야惟以文具로
爲習慣ᄒᆞ야東亞政教가腐敗ᄒᆞ

3

物ᄒᆞ고心不離事ᄒᆞ며事物이爲國
務ᄒᆞ고國務가即身ᄒᆞ이라學問事
物이非二致故로智巧가日盛ᄒᆞ고
國務身分이無分別故로富強이
日進ᄒᆞ나니此其法이暗合於古而
宜於今也라今我大韓에國이辱ᄒᆞ
此ᄂᆞᆫ非彊土之小也며非民智之

4

ᄲᅵᄒᆞ니嗚乎라三代聖王이豈非東
亞之人我아마ᄂᆞᆫ其人이沒而其教
가廢ᄒᆞ야神州之陸沈이至ᄲᅵᄒᆞ
니豈不寒心ᄒᆞ아現今西洋의富強
은專在教育人才ᄒᆞ니開廣知識
ᄒᆞ야以一物之不知로爲己憂ᄒᆞ고以
一事之不修로爲己責ᄒᆞ야學不離

6

에 熱血이 沸騰거늘 猶尙膠守習
慣호고 甘爲昏闇호면 是猶病不
求藥호고 死不求生이니 噫其惑
矣라 三代之法은 遠矣라莫徵호
고 興復已失之國호야 扶植獨立
之權은 美利堅과 普魯士에 已驗
良方이 惟學校而已라, 何幸年來에

5

下也라 其샹가 在乎 不教育而已라 不
學之人은 心昏智闇호야 并無實
心實業호나 外國未通之時에는
猶可自守어니와 方此歐亞混處
之日호야 烏先紅人黑種之招矣
아 烏乎라 國無獨立之權이면 民
安有自由之力이리오 言念及此

8

志諸人이 議設新塾호며 命名曰
啓明이라호니 啓明者는 開明之
義也라 然이나 有名에必有實이
니 塾曰啓明者는 名而已라 所謂
實者는 實心實業이 是也니 是不
在於塾호고 亦不在於命名호고
叓在於吾人身上호니 從人作煥

7

我大韓이 稍稍有一線陽脈호야
公私校塾이 相緒而起호고 惟我
大皇帝陛下詔敕이 屢降호을어教
育의進步가 徨幾나惟玆沁
州가 僻在海濱호야 風俗이 尙樸
호고 聞見이 未廣호야 年少子弟
가未免晦跡於新學터니 幸賴有

10

호고 效人의 頻笑를 乃 非實心이니 旣
無實心이면 焉有實事며 旣無實
事면 焉望實效리오 惟我同志는 以
實心으로 求實事호야 各以一心으
로 思窮萬物之理호며 各以一肩으
로 思擔一國之重호라 ㅂ以一心이雖徹
호나 合衆人之心智호면 物無不

9

成호고 此肩이雖弱호나 合衆人
之肩力이면 國無不强호리니 ㅂ
兩謂團體也라 開廣智識호면 義
務自成호나니 義務生호면 則團
體自成홈이 如以左手로 護持右手
호며 如以右手로 護持左手호며 白
刃이當身호면 左右手가俱爲扞

12

禦호나니 惟爲身念호고 手不自恤
호나니 身之痛이 非手之痛이언
마는 身不存이면 手不能徒存일
시니 手欲存身이면 乃所以自存이
니 國爲身이오 民爲手라 以手護
身은 手之職也니라 ㅂ醉夢人之
手는 雖有身患이나 不知兩以護持

11

니 今用力於新學호여 開我知識
호면 吾人兩手가 將爲醒人之手
호야 能護持吾身也리니 惟我同
志는 勉哉어다

光武十一年五月二十四日

塾長李建昇

참고문헌

〈고문헌〉

興地圖書江華府誌 江華府 姓氏條.

江都志 上.

徐有榘, 《林園經濟志》 卷112, 倪規志 4, 貨殖.

大東興地通考 5册, 京畿右道 喬桐府 形勝.

各廛記事, 千卷 印券.

周易 家人編.

〈국내문헌〉

강화사편찬위원회, 『신편강화사』, 2014.

강화군·안양대학교 강화역사문화연구소, 『강화이야기 아카이빙』, 2018.

『강화읍잠두교회역사』, 1914.

강만길, 『조선후기 상업자본의 발달』, 고려대출판부, 1973,

강만길, 『일제 강점기 빈곤생활사 연구』, 창작과 비평사, 1987.

강명숙, 「윤치호와 미국 남감리교 선교 – 개성지역을 중심으로 –」, 『사학
　　연구』 제124호, 2016, pp.135~171.

姜薰德, 「日帝下 小作爭議의 性格에 대한 一考察」, 『韓國史論叢』4, 誠信
　　女大, 1981, pp.104~105.

고동환, 「자본주의 맹아론과 조선후기 상업변동: 『강만길 조선후기 상업
　　자본의 발달』을 중심으로」, 『한국사연구』 147, 2009, pp.357~378.

고동환, 「상품유통경제의 발전」, 『한국역사입문』 2, 풀빛, 1995.

高東煥, 「18세기 서울에서의 魚物流通構造」, 『韓國史論』 28, 서울대국사
　　학과, 1992.

구영순 외, 『강화지역 여성 직물노동자 생애사(2018년도 수집구술자료)』, 국사편찬위원회. 2018.

국승규, 「조선조 후기 근대의식의 확대가 자본주의 발달에 미친 영향에 관한 고찰: 특히 근대 의식이 상업발달에 미친 영향을 중심으로」, 『역사와 사회』 3권, 1990, pp.1~18.

김경란, 「조선시대 여성에 대한 職役 부과와 그 의미」, 『역사와 담론』, 제51집, 2008, pp.39~68

김근식, 『자유주의사회경제 사상』, 한길사, 1976.

김나라, 「강화 직물의 역사적 재고(再考)와 소창의 가능성」, 『민속학연구』, 2020, pp.112~139.

김서진·박상미·양윤형·이정원·지미승, 「강화도의 직물공업」, 이화여자대학교, 1988.

김성은, 『근대인의 탄생: 프로테스탄티즘의 윤리와 자본주의 정신』, 아이세움, 2011.

김성학, 「한말 강화지역 사립보창학교의 등장과 성장 – 민족과 기독교, 황실의 조우」, 『한국교육사학』 제36권 제3호, 2014, pp.1~51.

김수행 옮김, 『마르크스가 예측한 미래사회 별책 마르크스의 저작 인용 영한대역본』. 2012.

김용섭, 「江華 金氏家의 地主經營과 그 盛衰」, 『韓國近現代農業史研究』 (증보판), 지식산업사, 2000.

김은성, 「토마스 제퍼슨과 웬델 베리의 중농주의: 이상과 실천」, 『국제언어문학』 제55호, 2023, pp.31~57.

김인수, 「식민지 조선에서의 '소작' 개념의 정치」, 『석당논총』 67집, 2017, pp.225~275.

김지원, 「1910년·1920년대 재일조선인 여성 노동자: 방직업을 중심으로」, 전북대학교석사학위논문, 2020.

김희중, 「韓國 綿紡織業의 展開過程에 관한 研究」, 조선대학교 박사학위논문, 1990.

김형목,「한말 경기도 사립학교 설립 운동의 전개와 성격」,『한국독립운동』제32집, 2009, pp.113~149.

남미혜,「방적과정을 통해 본 조선시대여성의 길쌈노동」,『사학연구』133호, 2019, pp.293~325.

나가노 신이치로(永野愼一郎),『상호의존의 한일경제관계』, 이른아침, 2009.

니니안스마트(윤원철 역),『세계의 종교』, 예경, 2004.

대한성서공회,『성경전서』, 2017.

류상윤,「1910~20년대 경성의 직물업」,『서울학 연구』30, 서울시립대학교 서울학연구소, 2008.

류중현,「강화 직물(비단)내력 소고」,『강화문화』3, 강화문화원, 2009.

무디신학교교수진,『무디성경주석』, 2017.

박섭,『식민지의 경제변동 : 한국과 인도』, 문학과 지성사, 2001, pp.144~145.

박재화,「1930년 조선방직 노동자들의 파업연구」, 신라대학교 석사학위논문, 신라대학교, 1993.

박현국,「民族資本이 近代企業 成立에 미친 影響에 관한 硏究」, 동아대학교 석사학위논문, 동아대학교, 1983.

박기동,「한국기업경영에 있어서 유교문화」,『경영경제연구』제19집, 창원대, 2002.

朴洪植,「利와 義의 조화」,『유교문화연구』제2집, 성대 동아시아학술원, 2001.

서문석,「歸屬 綿紡織企業의 變遷에 관한 연구: 事例硏究를 중심으로」, 단국대학교박사학위논문, 1997.

서문석,「近代的 綿紡織工場의 登場과 技術人力 養成制度의 形成」,『동양학』50, 단국대학교 동양학연구원, 2011.

成百曉 譯註, 『懸吐完譯 論語集註』(개정증보판), 전통문화연구회, 2008.

成百曉 譯註, 『懸吐完譯 小學集註』, 전통문화연구회, 2010.

서성호, 「고려시기 개경의 시장과 주거」, 『역사와 현실』 38호, 한국역사 연구회, 2000.

안연선, 「한국 식민지 자본주의화 과정에서 여성노동의 성격에 관한 연구」, 이화여자대학교 석사학위논문, 이화여자대학교, 1988.

오환일, 「한말 강화도 사립학교설립운동의 성격」, 『경기사학』 8권, 2004, pp.415~430.

옥한석, 「개신교 감리교의 강화도 전래와 문화변동」, 『대한지리학회지』 제49권 제5호, 2014, pp.705~715.

원유한, 「상공업의 발달」, 『한국사연구입문』, 지식산업사, 1981.

이건승, 「啓明義塾趣旨書」, 『한국학보』 제6집, 1977.

이경룡, 「朝鮮 中期 '格物物格' 論辨과 霞谷의 『大學』 二王融會的 '實學'」, 양명학, 2008, pp.195~223.

이기동, 「유교적 경영과 리더십」, 『유교문화연구』 제10집, 성대 유교문화 연구소, 2006.

이덕주·조이제, 『강화기독교100년사』, 강화기독교100주년 기념사업역 사편찬위원회, 1994.

이덕훈·박재수, 「기업가정신과 유교」, 『유교문화연구』 제10집, 성대 동 아시아학술원, 2006.

李丙洙, 「朝鮮民事令에 관하여: 第11條의 慣習을 中心으로」, 『法史學研究』, 1994.

이병주, 「동양사상과 경영」, 『유교문화연구』 제10집, 성대 동아시아 학술원, 2006.

이상호, 「한국근대하곡학의 철학적 특성」, 『하곡학』 20, pp.151~184, 2008.

이송순, 「일제하 1920~30년대 여성 직업의 지역별 분포와 존재양태」,

『한국사학보』 65, 고려사학회, 2016.

이순구, 「조선시대 가족제도의 변화와 여성」, 『한국고전여성문학연구』 10, 2005, pp.119~142.

이영란, 「소학을 통해 본 조선시대 여성상」, 『인문학연구』 제51집, 2016, pp.71~98.

이욱, 「조선후기 상업사에서의 자본주의 맹아론」, 『조선후기사연구의 현황과 과제』. 2000.

이은용, 『강화중앙교회100년사』, 기독교대한감리회 강화중앙교회, 2011.

이충익·이건창·이건방, 『하곡학파의 정치평설「원론(原論)」』, 김윤경 역해, 도서출판문사철, 2023.

이한구, 「산업화기(1960~70)한국기업가정신과유교」, 『경영사학』 제30집 제1호, 2015, pp.203~226.

이헌창, 『民籍統計表의 해설과 이용방법』, 고려대학교 민족문화연구소, 1997, pp.81~82.

인천광역시 강화군, 『강화의 어제와 오늘』, 2008.

임원택, 「한국인의 경제윤리」, 『성신경제』 제7호, (사)한국경영사학회, 1992, pp.18~30.

전혜숙·강빛나, 「내한 외국인저서, 외국저서에 기록된 19세기 말~20세기 초 조선의 직물산업실태」, 『한복문화』 22, 한복문화학회, 2019.

정안기, 「식민지기 조선인 자본의 근대성 연구-경성방직(주)과 조선방직(주)과의 비교 시점에서-」, 『지역과 역사』, 부경역사 연구소, 2009.

정재현, 「유교공동체주의와 현대관리사상」, 『유교문화연구』 제1집, 성대 동아시아학술원, 2000.

조규상, 「조선방직의 여공들」, 『산업보건』 211집, 대한산업보건협회, 2005,

조기준, 「한국자본주의 발달의 제단계」, 『古代文化』 22, 1983, pp.66~75.

조흡, 「근대사회의 위기」, 『월간 인물과 사상』 1월호, 2002.

최기숙, 「女工 婦德 梱政과 영혼 노동: 조선시대 양반 여성의 결혼생활과 노동장 재성찰」, 『인문과학』 123집, 2021, pp.297~331.

최단옥, 「한국에 있어서 근대자본주의의 발전과 현재단계」, 『제39회 전국 역사학대회발표논문집』 1, 1996.

최병철, 「현대사회 변화와 家의발전론」, 『유교문화연구』 제14집, 성대동 아시아학술원, 2009.

최영준, 『국토와 민족생활사』, 한길사, 1997.

崔永俊·金鐘赫, 「京畿地域의 交通路와 交通의 發達」, 『京畿地域의 鄕土 文化』 上, 韓國精神文化研究院, 1997.

최재성, 「1907·8년 지방금융조합의 설립과 운영」, 『한국민족운동사연구』 28, 2001, pp.99~100.

피터 버크 저, 강상우 역, 『문화혼종성』, 이음, 2012.

한경구·임봉길 역, 『문화인류학의 역사』, 일조각, 2020.

韓國精神文化研究院, 「경기지역의 서원·사우·향교」, 『京畿地域의 鄕土 文化』 下, 1997.

韓國精神文化研究院, 「경기지역의 성씨와 씨족」, 京畿地域의 鄕土文化』 下, 1997.

한상운 편저, 『새벽기도: 한국기도100년사의 기념비』, 새벽종, 2007.

한예원, 「星湖 李瀷의 經世사상에 관한 一考」, 『민족문화연구』 제40호, 2004, pp.375~394.

한정훈, 「도시 이주와 정착, 여성노동자의 정체성 구성연구–광주지역 방직공장 여성노동자를 대상으로」, 『실천민속학연구』 32, 실천민속학 회, 2018.

胡偉希, 「유가의 공동체주의에 관한 약론」, 『유교문화연구』 제10집, 성대 동아시아학술원, 2006.

홍석창, 『제물포지방 교회사자료집』, 에이맨, 1995, pp.345~351.

홍성찬, 「韓末·日帝下의 地主制研究–江華 洪氏家의 秋收記와 長冊 分析

230

을 中心으로-」, 『韓國史硏究』 33, 1981.

황병주, 「1920년대 초반 소유 개념과 사유재산 담론」, 『개념과 소통』 제27
호, 2021, pp.87~136.

黃奎烈 編著, 『喬桐史』, 喬桐文化硏究院, 1995.

〈외국문헌〉

Bronislaw Malinowski, *Magic, science and religion in Early Modern
Europe*, Matino Fine Books, 2015.

Mary Douglas, *Edward Evans-Pritchard*, Routledge, 1980.

Herman Kahn, *The Alternative World Futures Approach*, 1966.

Mcredith B. McGuire, Religion: *The Social Context*(4th edition),
Wadsworth Publishing Company, 1997.

帝國製麻株式會社, 『帝國製麻株式會社30年史』, 1937.

〈일본 양명학관련 문헌〉

荒木見悟, 『陽明学の位相』, 硏文出版, 1992.

大橋健二, 『良心と至誠の精神史-日本陽明学の近現代』, 勉誠出版, 1999.

荻生茂博, 『近代·アジア·陽明学』, ぺりかん社, 2008.

小島毅, 『近代日本の陽明学』, 講談社選書メチエ, 2006.

小島毅, 『朱子学と陽明学』, ちくま学芸文庫, 2013.

島田虔次, 『朱子学と陽明学』, 岩波新書, 1967.

荒木見悟, 『陽明学の位相』, 硏文出版, 1992.

大橋健二, 『良心と至誠の精神史-日本陽明学の近現代』, 勉誠出版, 1999.

荻生茂博, 『近代·アジア·陽明学』, ぺりかん社, 2008.

小島毅, 『近代日本の陽明学』, 講談社選書メチエ, 2006.

中純夫, 『朝鮮の陽明学-初期江華学派の研究-』, 汲古書院, 2013.

馬淵昌也 編, 『東アジアの陽明学 接触·流通·変容』, 東方書店, 2011.

吉田公平,『日本における陽明学』, ぺりかん社, 1999.

馬淵昌也 編,『東アジアの陽明学 接触・変容』, 東方書店, 2011.

溝口雄三 訳,『伝習録』, 新版・中央公論新社, 2005.

山田準・鈴木直治 訳,『伝習録』, 岩波文庫, 1936 復刊多数.

吉田公平,『日本における陽明学』, ぺりかん社, 1999.

吉田公平,『陽明学が問いかけるもの』, 研文出版〈研文選書〉, 2000.

荻生茂博,『近代・アジア・陽明学』, ぺりかん社, 2008.

小島毅,『近代日本の陽明学』, 講談社選書メチエ, 2006.

小島毅,『朱子学と陽明学』, ちくま学芸文庫, 2013.

An Understanding of the Early Capitalism Acculturated With *Gangwha Yangming* Confucianism and Protestantism Methodist in *Gangwha*, Korea

Han Suk Oak and Dong Suk Oak

Some scholars tried to understand the rapid Korean economic growth which has close relationship with Confucian capitalism. Confucianism has provided virtues of diligence, frugality, high educational fervour, and social capital for capitalism to Korea culture. To become successful capitalistic society, it requires innovation, entrepreneurship, and self - reliance.

This study focuses on early economic development acculturated with different cultures in *Gangwha*, Korea. Investigating a cultural change of *Gangwha* society *Gangwha Yangming* was influenced by implantation of Protestantism Methodist. *Gangwha* textile industry starting in the 1910s, and the peak having in the 1960s, early capitalism can be understood by the acculturation process.

Acculturation is caused with contact by two different cultures. At early periods Protestantism Methodist diffused rapidly and relocated toward marine routes of *Gangwha* islands. Lately hierarchical diffusion and contagious diffusion was typical, centering on the *Gangwha Jungang* Church. This successful acceptance was influenced with Confucianism's choice and adaptation strategy. *Gangwha* people accepting the Protestantism Methodist, they reinterpreted cultural elements and built selective strategy by *Gangwha Yangming* Confucian fraction which became one of Confucianism. It seemed that several cultural elements of *Yangming* fraction was coincided with some elements of Protestantism Methodist.

Acculturation influenced some women workers originated in Confucianism caused to Protestantism life styles. Women in Confucian society were wise mother good wife, but they became good labourer wise daughter in modern society. Under Japanese control to overcome leading Japan technology some leaders improved the textile machinery and invested on large factory. The leaders were few large farmer's elite, promoting mutual exchange of capitalism and confucianism.

Protestantism methodist asked women workers love and charity. All of them desired independency, self-reliance, and strength themselves which were characterized by early capitalism in *Gangwha,* Korea. Calvinism was harmonized with *Yangming* Confucianism at first level, laborers compromising capitalists superficially. The island's geographical background of isolation effected on simple cause and effect.

찾아보기

236

238

옥한석

청소년 시절 시인과 철학자를 꿈꾸었으나 1973년 10월 유신 정치 상황 아래 나름대로의 이론과 실천가가 되려고 대학원에 진학, 마산시 발달과정을 도시잉여의 재생산이론으로 설명하려고 시도하였으나 지도교수의 만류로 좌절된 후 문화경관론자로 변신하였다. 소비자협동운동으로 실천의 맥을 이어오던 중 강원대학교 교수로 재직하게 되면서 『향촌의 문화와 사회변동』이라고 하는 저서로 강원도 학술상을 받았다. 향촌사회 발달을 풍수이론으로 설명하려고 하였으며 인체의 시간리듬(『풍수: 시간리듬의 과학』, 2017)이라고 하는 이론으로 정립하였다. 인간과 사회의 번영을 이론화하려는 노력의 일환으로 자본과 쾌락의 바탕이 되는 노동의 중요성을 새로운 시각으로 보려고 하며(『세계화시대의 세계지리읽기』, 2019; 『미래한국지리읽기』, 2024) 향후 미래사회의 모습을 AI와 시나리오로 형상화하려고 하고 있다.

옥동석

1957년 부산 출신으로 서울대학교 경제학과를 졸업하고 동대학원에서 경제학 석사 및 박사학위를 취득하였다. 1987년부터 2023년까지 인천대학교 무역학부 교수로 재직하였으며, 2013년부터 2017년 사이에는 한국조세재정연구원, 국가공무원인재개발원의 원장을 역임하였다. 재정법학회 회장, 재정정책학회 회장, 재정학회 부회장(차기회장) 등 학회 활동과 함께 다수의 논문을 출간하였으며, 주요 저서로는 『재정개혁의 목표와 과제』, 『재정지표와 재정범위』, 『거래비용 경제학과 공공기관』, 『거래비용 경제학과 공공기관』, 『권력구조와 예산제도』 등이 있다. 점차 연구의 범위를 확대하여 『한국어촌사회와 공유자산』, 『한국 도서지역의 생산과 교역』을 발간하였고 2016년도에는 『주권이란 무엇인가』를 번역 출간하기도 하였다.

인천학연구총서 54

강화양명학과 개신교의 문화접변에 의한 초기 자본주의의 이해

2024년 2월 22일 초판 1쇄
2025년 1월 24일 초판 2쇄

기   획 인천대학교 인천학연구원
지은이 옥한석·옥동석
펴낸이 김흥국
펴낸곳 보고사

등록 1990년 12월 13일 제6-0429호
주소 경기도 파주시 회동길 337-15 보고사 2층
전화 031-955-9797(대표)
         02-922-5120~1(편집), 02-922-2246(영업)
팩스 02-922-6990
메일 bogosabooks@naver.com
http://www.bogosabooks.co.kr

ISBN 979-11-6587-676-0 94300
       979-11-5516-336-8 (세트)
ⓒ 옥한석·옥동석, 2024

정가 23,000원